ゼロからわかる！
# 経営戦略見るだけノート

監修
平野敦士カール
Carl Atsushi Hirano

宝島社

ゼロからわかる！

# 経営戦略
# 見るだけ
# ノート

監修
平野敦士カール
Carl Atsushi Hirano

宝島社

## はじめに

## <u>経営者の視点を持つことが重要な時代</u>

「経営戦略」と聞くと多くの方は、なんか難しそうだ、戦う方法？ 社長じゃないから私には関係ない！ と思うのではないでしょうか？

しかし、経営戦略とは経営者や企画担当、コンサルタントだけが学ぶべきものではなく、自分で商売をしている方はもちろんのこと、就活中の学生さんからサラリーマンの方を含めて、すべての人にとって必要だと私は考えます。

戦略とは「競合に簡単にまねされないもので、長期にわたって持続できるもの」。激変する経営環境において優れた企業とは、あらゆる社員・スタッフが世の中の動きを察知し、来るべき未来を予測して迅速に経営陣にフィードバックすることで常に進化していくことができる会社だからです。

社員一人ひとりが経営者の視点を持つことが、何よりも重要な時代になってきているのです。

本書ではつねに「自分が社長だったらどう考えるか？」という視点での戦略的思考を身につけるために必要な基本的な事項を、網羅的にイラストでわかりやすく説明しました。

具体的には、経営戦略の歴史概観、戦略思考、ロジカルシンキングから経営戦略における重要なフレームワーク、過去から現代、欧米から日本まで、さまざまな経営戦略を分類・整理し、体系的に代表的な理論のエッセンスが学べる内容になっており、経営学大学院（MBA）などで学ぶための基礎的な知識まで網羅しています。

さらに最新の経営戦略論であるプラットフォーム戦略®、デザイン思考、ティール組織、サブスクリプションなど、話題の最新キーワードまでを網羅しました。

重要なことは、それらの理論や過去の事例を「知識」として理解したうえで、みなさんの会社の「現在そしてこれからの戦略」について「自分のアタマで考える」戦略的思考を身につけることです。

例えばニュースなどで成功している企業の情報を耳にしたら「あの会社はどういう戦略で成功しているのだろうか?」と考えてみることです。常に「自分がその会社の社長だったらどうするだろうか?」と考えることです。

過去の戦略や事例は参考にならないという意見もありますが、その時代にどのような環境変化でいかに対応したのか?ということを勘案しながら「今の時代だったらどうするべきか?」という視点で考えてみましょう。

また、さらに深く勉強したい方は、本書のベースとなった拙著『カール教授のビジネス集中講義』シリーズ「経営戦略」「金融・ファイナンス」(朝日新聞出版)には参考となる書籍なども記載しましたので、ぜひ参考にしてみてください。

また私が監修している本シリーズの『大学4年間の経営学見るだけノート』『大学4年間のマーケティング見るだけノート』『知識ゼロでも今すぐ使える! ビジネスモデル見るだけノート』(宝島社)もあわせて読むと一層理解が深まると思います。

本書が経営戦略に興味を持っていただくきっかけになることを願います。

熱海テラスにて
2019年5月
平野敦士カール

**ゼロからわかる！**

# 経営戦略
## 見るだけノート
Contents

はじめに ……………… 2

## chapter 01
# 経営戦略ってなに？ ❓

**01** そもそも経営戦略とは？
経営戦略 ……………… 10

**02** 理念・戦略・仕組みが基本
3つの基本構造 ……… 12

**03** 経営戦略には
3つの層がある
全社戦略、事業戦略、
機能別戦略 …………… 14

**04** 経営戦略論の5つの分類
戦略計画学派、創発戦略学派
…………………………… 16

**05** 経営戦略の歴史①
軍略 …………………… 18

**06** 経営戦略の歴史②
経営学 ………………… 20

**07** 経営戦略の歴史③
経営戦略論 …………… 22

**08** 経営戦略の歴史④
マネジメント、マーケティング
…………………………… 24

**09** 経営戦略の歴史⑤
競争戦略 ……………… 26

**10** 経営戦略の歴史⑥
リソース・ベースト・ビュー、
イノベーション ……… 28

**11** 経営戦略の歴史⑦
ITの進化 ……………… 30

**column 01** -----------------------
戦略サファリとは？ ………… 32
**column 02** -----------------------
経営戦略とマーケティング …… 34

## chapter 02
# どうやって
# 戦略を立てるの？

**01** 戦略的思考とはなにか？
戦略的思考 …………… 36

**02** まずは仮説を立てる
仮説思考 ……………… 38

**03** どう仮説を立てるのか？
帰納法と演繹法 ……… 40

**04** 論理的思考で仮説を
立証する
ロジカルシンキング … 42

**05** ロジカルシンキング①
適切な分類
MECE ………………… 44

**06** ロジカルシンキング②
なぜ？／どうする？
Why So？/So What？…… 46

**07** ロジカルシンキング③
構造化
ピラミッドストラクチャー …… 48

| 08 | 新発想を導く3ステップ |
|---|---|

水平思考 ········· 50

| 09 | 問題解決は大から小へ |
|---|---|

バーバラ・ミントの4つの軸
············ 52

**column 03** ----------------------
情報を整理するフレームワーク ··· 54

**column 04** ----------------------
先入観を取り払うゼロベース思考 ··· 55

**column 05** ----------------------
ZARAに学ぶビジネスモデル ········ 56

# Chapter 03
## 戦略策定の前に
## するべきことは?

| 01 | まずは自社の現状を把握する |
|---|---|

外部分析と内部分析 ·········· 58

| 02 | 外部のマクロ環境を分析する |
|---|---|

PEST分析 ······················ 60

| 03 | 4つの要因から自社の現状を整理する |
|---|---|

SWOT分析、
クロスSWOT分析 ·············· 62

| 04 | 3つの視点から自社の現状を分析する |
|---|---|

3C分析 ···················· 64

| 05 | 経営資源とその活用能力を測る |
|---|---|

VRIO分析 ···················· 66

| 06 | 自社の強みを分析する |
|---|---|

コア・コンピタンス ············· 68

**column 06** ----------------------
CSRとCSV ··················· 70

**column 07** ----------------------
リバース・イノベーション ············· 71

**column 08** ----------------------
SDGsとはなにか? ····················· 72

# Chapter 04
## 成長のための
## 戦略とは?
### (全社戦略と成長戦略)

| 01 | まずは事業領域を設定する |
|---|---|

事業ドメイン ··················· 74

| 02 | 資金分配のための2つの手法 |
|---|---|

PPM、ビジネススクリーン ····· 76

| 03 | 成長とリスク分散のための戦略 |
|---|---|

多角化戦略 ··················· 78

| 04 | 事業拡大のための分析手法 |
|---|---|

製品 - 市場マトリックス ········· 80

| 05 | 楽天が築き上げた経済圏とは? |
|---|---|

プラットフォーム戦略® ·········· 82

| 06 | DeNAの無料ゲームはなぜ儲かる? |
|---|---|

フリーミアム ························ 84

| 07 | 環境変化に対応するための戦略 |
|---|---|

アダプティブ戦略 ················ 86

| 08 | 弱者が生き残るための戦略とは? |
|---|---|

ランチェスター戦略 ············· 88

**09** 時間短縮が企業の
競争力を高める
タイムベース競争 ……… 90

**10** 顧客のニーズから
発想するビジネスモデル
サブスクリプション ……… 92

**11** 急成長企業の共通点とは?
ティール組織 ……………… 94

**12** 顧客の推奨度を
分析する手法
ネット・プロモーター経営 … 96

**13** 日本発の経営理論
「SECI モデル」とは?
SECIモデル ……………… 98

column 09 ---------------------
Linkedinとソーシャルメディア・
プラットフォーム戦略 …… 100

column 10 ---------------------
マッキンゼーの
「現代の経営戦略」とは? ……… 101

column 11 ---------------------
『孫子の兵法』を
ビジネスに活用する ……… 102

## Chapter 05

# 勝負する事業はどうやって決めるの?

（事業戦略）

**01** 競争優位を築くための3つ
の基本戦略
3つの基本戦略 ………… 104

**02** 競合との比較から
自社を分析する
バリューチェーン分析 ……… 106

**03** 業界の競争状態を分析する
ファイブフォース分析 ……… 108

**04** 事業戦略策定のための
考え方
競争地位別戦略 …………… 110

**05** 事業の収益性を分析する
アドバンテージマトリックス …… 112

**06** 将来起こり得る事態を
想定しておく
シナリオプランニング ……… 114

**07** 競合がいない市場を
見つけ出したQBハウス
ブルー・オーシャン戦略 …… 116

**08** 日高屋も採用した
コバンザメ戦略とは?
コーペティション経営 …… 118

**09** バリューチェーンを
再構築する
デコンストラクション ……… 120

column 12 ---------------------
コスト削減戦略「BPR」とは? …… 122

column 13 ---------------------
製品の寿命を分析する
製品ライフサイクル ……… 123

column 14 ---------------------
イノベーター理論とキャズムとは?
……………………………… 124

# Chapter 06
## 個別の戦略策定は どうやって行うの？
（機能別戦略①）

**01** マーケティング戦略の第一歩
マーケティング戦略①
STP ………………… 126

**02** ターゲットに働きかける ための4つの要素
マーケティング戦略②
4P ………………… 128

**03** アップルも取り入れた プロダクト発想法
マーケティング戦略③
デザイン思考 ……………… 130

**04** 世界が採用したトヨタの KANBAN
生産戦略①
かんばん方式 ……………… 132

**05** 受注生産の 低コスト化を実現
生産戦略② BTO ………… 134

**06** キヤノンが生産性アップを 実現した手法
生産戦略③ セル生産方式
………………… 136

**07** 企業間で情報共有し 生産効率を高める
生産戦略④
サプライチェーン・マネジメント
………………… 138

**08** ボトルネックを基準に 最適化を行う
生産戦略⑤ TOC ………… 140

**09** 生産量を増やすほど 製品コストは下がる
生産戦略⑥ 規模の経済 … 142

**10** 範囲を広げて 製品コストを抑える
生産戦略⑦ 範囲の経済 … 144

**11** リスクを抑えて生産率を 上げるDHCの戦略
生産戦略⑧ OEM ………… 146

column 15 ----------------------
アマゾンのクラウド戦略 …………… 148

column 16 ----------------------
破壊的技術とイノベーションの ジレンマ ……………… 149

column 17 ----------------------
市場支配を実現する経験効果 …… 150

# Chapter 07
## 企業の可能性と 価値を高める 戦略とは？
（機能別戦略②）

**01** ビッグデータを 経営戦略に活かす
技術戦略①
ビッグデータ、IoT ………… 152

**02** 小売りの可能性を広げた セブン＆アイ
技術戦略②
オムニチャネル戦略 ………… 154

**03** 巨額な利益を生む
「事実上の標準」とは?
技術戦略③
デファクトスタンダード ……… 156

**04** 企業の合併と買収で
時間を買う戦略
組織戦略①
M&A戦略 …………………… 158

**05** M&Aには多くの
人々が関わる
組織戦略②
M&Aのプロセス …………… 160

**06** 他企業との提携で
メリットを生み出す
組織戦略③
アライアンス、
ジョイント・ベンチャー ……… 162

**07** シナジーを生み出す
2つの方法
組織戦略④
垂直統合、水平統合 ……… 164

**08** 企業の財務活動には
3つの領域がある
財務戦略①
コーポレート・ファイナンス … 166

**09** 自社の業績を評価する方法
財務戦略②
DCF法、EVA …………… 168

**10** 企業の価値を評価する
3つの手法
財務戦略③
企業価値、DCF法 ………… 170

**column 18** -------------------
金融事業に革命をもたらすフィンテック
………………………………… 172

**column 19** -------------------
金融の常識を覆したブロックチェーン
……………………………… 174

**column 20** -------------------
株式とIPO ………………………… 176

## Chapter 08
# 戦略はどうやって
実行していくの?

**01** 戦略に応じて組織を
変えたデュポン
組織は戦略に従う ………… 178

**02** 3つの「ハードのS」と
4つの「ソフトのS」
7S ………………………… 180

**03** 戦略実行と業績評価
PDCAとBSC ……………… 182

**04** 変革の時代に求められる
リーダーシップ
チェンジ・マネジメント ……… 184

掲載用語索引 ………………………… 186

# chapter 01

# 経営戦略ってなに？

将来、起業したいと考えているえい子さんは、
大学で経営戦略の授業を受けています。
今日は最初の講義の日で、
経営戦略の基礎と歴史を学ぶようです。

KEY WORD → ☑ 経営戦略

# そもそも経営戦略とは？

戦略とは「戦争に勝つための総合的かつ長期的な計画」という意味です。それでは、「経営戦略」とは、どんな学問なのでしょうか？

将来、起業したいと考えているえい子さんは、大学の経営学科に進学しました。**経営戦略**とは、「企業が経営理念に基づいて環境変化に対応しつつ、将来目指す姿に至るまでの打ち手です」と語る教授に、えい子さんは実務に役立つ理論があるのかを尋ねました。すると教授は「どの理論もそれなりに正しく、実際の成功事例や失敗事例から導かれたものです」と答えました。

## 経営戦略は将来目指す姿に至るまでの打ち手

教授はさらに、理論や過去の事例を知識として理解した上で、所属する会社の現在、そしてこれからの戦略について自分の頭で考える**戦略的思考**を身につけることの重要性を説きました。例えば、成功企業がどういう戦略で成功しているのかを考えることが大事だといいます。えい子さんは、知識を活かしつつも「自分がその会社の社長だったらどうするのか？」を主体的に考えることの大切さを学びました。

## 経営戦略を考えるための3つの基本

●用語や理論を理解する
自分で考える場合も、他人と議論する場合も、用語や理論を理解しておくことが重要

●自分のアタマで考える
成功している企業の情報を耳にしたら「なぜなのか？」を自分のアタマで考えてみる

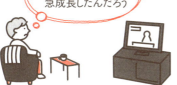

●経営者の立場になって考える
自分が社長だったらどう考えるか？　という視点での戦略的思考が大切

KEY WORD → ☑ 3つの基本構造

## 02 理念・戦略・仕組みが基本

企業が儲けていくために必要なものは何なのか、そんな漠然とした疑問を抱えて、今日もえい子さんは講義を受けています。

教授は、企業が儲けるための基本構造は、「**経営理念・経営戦略・ビジネスモデル**」の3つだと語ります。えい子さんが「経営理念とは何ですか？」と尋ねると、教授は「経営者が将来目指す姿を表すもの」と答えました。経営理念は「**ビジョン**」と「**ミッション**」の2つに分けることができ、将来会社がどのような姿になるかを描いたものがビジョン、将来会社が果たすべき役割がミッションです。

### 経営理念・経営戦略・ビジネスモデル

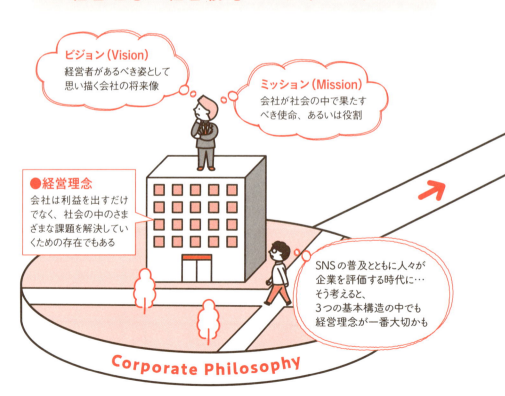

教授は続けます。「ビジネスモデルとは、企業がいかにして利益を生み出すかという儲けの仕組みのことで、企業はそれを経営理念と経営戦略に基づいて構築します」。また、3つの基本構造の関係を把握することが大事だとも言いました。続けて、「企業は利益を出すことだけでなく、社会の中のさまざまな課題を解決することを求められている」と企業の役割についても論じ、教授はその日の講義を終えました。

KEY WORD → ☑ 全社戦略、事業戦略、機能別戦略

## 03 経営戦略には3つの層がある

経営戦略には、どのような種類のものがあるのでしょうか？
えい子さんはまずそのことから学び始めることにしました。

講義で習った企業の経営戦略には「**全社戦略**」「**事業戦略**」「**機能別戦略**」の3つの層があるという内容を復習するえい子さん。「全社戦略」とは、企業全体の戦略のことで、複数の事業を行っている場合、どのようにヒト・モノ・カネなどの資源を有効活用して競合企業と戦っていくかを決めるもの。「事業戦略」とは、企業活動の中の個別の事業について競合企業とどのように戦っていくかを決めるものです。

### 経営戦略の3つの層

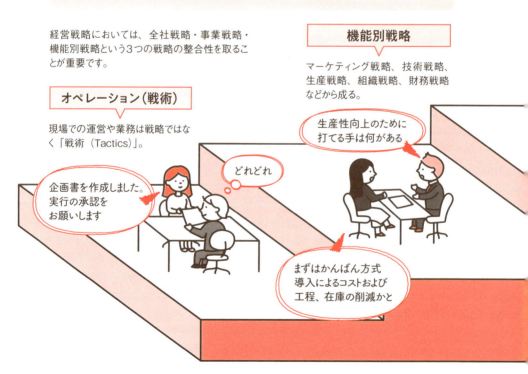

経営戦略においては、全社戦略・事業戦略・機能別戦略という3つの戦略の整合性を取ることが重要です。

**機能別戦略**
マーケティング戦略、技術戦略、生産戦略、組織戦略、財務戦略などから成る。

**オペレーション（戦術）**
現場での運営や業務は戦略ではなく「戦術（Tactics）」。

企画書を作成しました。実行の承認をお願いします

どれどれ

生産性向上のために打てる手は何がある

まずはかんばん方式導入によるコストおよび工程、在庫の削減かと

また、「機能別戦略」とは、さまざまな組織を横断する機能を持つ企業が、有する機能別に戦略を考えるというもの。企業の経営戦略で重要なのは、「全社戦略」「事業戦略」「機能別戦略」の整合性を取ることですが、それ以前に重要なのが、現状を客観的かつ正確に把握し、正しい戦略を構築することです。なお、現場での行動計画などのオペレーション（運営・業務）は、戦略ではなく、「戦術」と呼ばれています。

KEY WORD → ☑ 戦略計画学派、創発戦略学派

# 04 経営戦略論の5つの分類

えい子さんは経営戦略論を知るために、1960年代から現代までの経営戦略論の知識をざっくり調べて、把握してみることにしました。

経営戦略論の歴史について学ぶえい子さん。実際の企業で使われている戦略論は、方法論によって「**戦略計画学派（プランニング学派）**」と「**創発戦略学派（エマージェンス学派）**」に分類できることを知りました。前者は、トップが戦略を決めてそれに従うべきとする考え方。後者は、戦略は現場やミドルマネジメントが現実の状況に応じて考え、トップとの相互作用によって策定するものだとする考え方です。

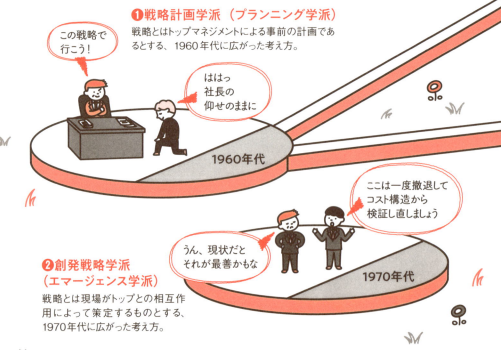

経営戦略の分類

❶戦略計画学派（プランニング学派）
戦略とはトップマネジメントによる事前の計画であるとする、1960年代に広がった考え方。

❷創発戦略学派（エマージェンス学派）
戦略とは現場がトップとの相互作用によって策定するものとする、1970年代に広がった考え方。

16

また、戦略計画学派は「**ポジショニング学派**」と「**リソース・ベースト・ビュー（資源学派）**」に分類できます。前者は業界ごとに収益性が違うため、企業は儲かる業界で競争優位なポジションを取ることが戦略だとする考え方、後者は人と組織に根ざした強みこそが最も模倣困難であり、企業は自社の強みを活かして戦うべきという考え方です。これらに加え、2000年以降に生まれた最新戦略論があります。

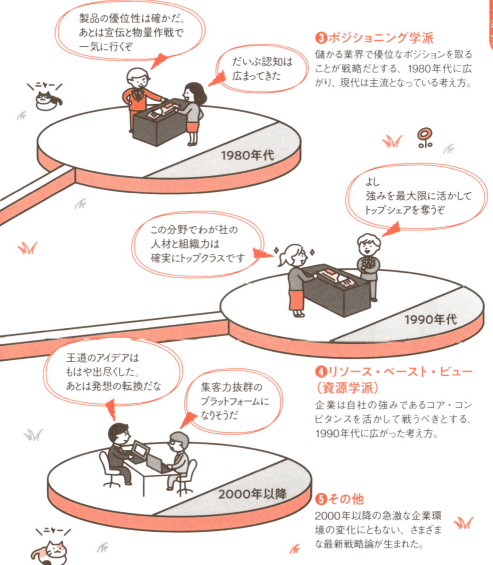

❸ポジショニング学派
儲かる業界で優位なポジションを取ることが戦略だとする、1980年代に広がり、現代は主流となっている考え方。

❹リソース・ベースト・ビュー（資源学派）
企業は自社の強みであるコア・コンピタンスを活かして戦うべきとする、1990年代に広がった考え方。

❺その他
2000年以降の急激な企業環境の変化にともない、さまざまな最新戦略論が生まれた。

KEY WORD → ☑ 軍略

## 05 経営戦略の歴史①

戦争を勝ち抜くために用いられる軍略には、ビジネスにおける経営戦略と多くの共通点があります。

えい子さんは、教授が言っていた「戦時に使われていた軍略は、解釈によってビジネスに活かすことができます」という言葉に興味を持ちました。例えば、**孫武**が著したとされる最古の兵法書**『孫子の兵法』**は、「部下への指令は明確にせよ」「戦略は臨機応変に変更するべきだ」「敵を知り自分を知ることが重要だ」など、2500年前に書かれたものとは思えないほど、人と人との関係を言い表している書物です。

### 「軍略」と経営戦略

自らの生き死にや国の存亡をかけて人々が戦った「軍略」の時代に書かれた本には、ビジネスのヒントとなる言葉が数多く残されています。

**孫武（紀元前500年頃）**
春秋戦国時代に斉の国（現在の中国山東省周辺）に生まれ、のちに呉の将軍となって各地を転戦した。『孫子の兵法』は、孫武がその原型を著したのち子孫の孫臏によって書き継がれ、紀元200年頃に曹操により整理された。

「孫子」は
武田信玄やナポレオンなど歴史上の英雄たちのほか
松下幸之助、ビル・ゲイツら多くの実業家が愛読しました

『戦争論』は
ナポレオンをはじめ多くの軍人に影響を与えたんだって

**カール・フォン・クラウゼヴィッツ**
プロイセン王国（現在のドイツ北部およびポーランド）に生まれ、ナポレオン戦争にプロイセン軍の将校として従軍。死後の1832年に公刊された『戦争論』は、その後の西欧における戦略本のバイブルとなった。

また、教授は**クラウゼヴィッツ**の『**戦争論**』もすすめていました。「戦争計画を立案する場合、まず敵の重心をいくつか見つけ出し、可能であればこれをひとつに絞り、その重心に振り向ける戦力をひとつの主要な行動に統一する」「最初の一歩を踏み出すときに最後の一歩を考慮せよ」などといった格言が並ぶ、ビジネスは戦いと同義であることがわかる書物です。教授は特に組織の考え方が参考になると言っていました。

01 経営戦略ってなに？

ビジネスのヒントになる
## 『孫子の兵法』の言葉

- できれば戦争などせずに「戦わずして勝つ」ことが一番だ
- 情報戦こそ戦いの要であり軍はこれによって動く
- 敵を囲むときは逃げ道をつくり、窮地に追い込んではいけない
- 戦争は長期ではなく短期決戦とすべきであり、それは手段であって目的ではなく本来政治が解決するべきものだ

ビジネスのヒントになる
## 『戦争論』の言葉

- 戦争計画を立案する場合、まず敵の重心をいくつか見つけ出し、可能であればこれをひとつに絞り、その重心に振り向ける戦力をひとつの主要な行動に統一する
- 予期しないことに直面したら素早く心を平静に戻す
- 最初の一歩を踏み出すときに最後の一歩を考慮せよ

KEY WORD → ☑ 経営学

# 経営戦略の歴史②

18世紀半ばから起こった産業革命により社会は変革し、経営学や生産管理論の礎ともなる新たな方法論が生まれました。

経営戦略論の歴史についての講義は続きます。「現代の経営学や生産管理論の基礎は、**テイラー**の**『「科学的管理法」の原理』**だと言われています。これは、労働者と原材料などの経営資源をいかに組み合わせれば生産性を高めることができるのかを調べ、分業と協業による科学的管理法を記したものです。また、経営管理の重要性について説いた**ファヨール**の**『産業ならびに一般の管理』**も重要な一冊です」

## 産業革命と経営学の誕生（1900年頃〜1930年代）

18世紀半ばに産業革命が起こると、作業効率の向上のための労働の管理法が考え出され、やがて経営学へと発展していきました。

### フレデリック・テイラー
（1856〜1915）

アメリカの機械技師、経営学者。製鉄所に機械工として入所し、8年間で技師長に昇進。工学博士となり管理研究を行い、晩年は科学的管理法の普及に努めた。

### ジュール・アンリ・ファヨール
（1841〜1925）

フランスの経営学者。鉱山技師を経て鉱業会社社長となったのち、管理研究所を設立した。経営管理論の祖としてテイラーと並び称される。

分業と協業による科学的管理法を確立。工場のライン化でコストを10分の1以下にまで削減した

企業活動を技術・商業・財務・保全・会計・経営管理の6つに分類し、経営管理の重要性を説いた

さらに、教授は**メイヨー**の**ホーソン実験**も経営戦略論の歴史を語る上で欠かせないと言います。「生産性は労働者のプライドや信頼関係などから大きな影響を受ける」「人間は機械ではない」というこの実験の結果は、それまで主流だった科学的管理法を批判したものでした。また、組織が有効に機能するためには目的の共有、協働意志（モチベーション）、コミュニケーションが必要と説いた**バーナード**の『**経営者の役割**』も重要です」

### ジョージ・エルトン・メイヨー
(1880〜1949)

オーストリア出身のアメリカの産業社会学者。ハーバード大学でホーソン実験を行い、人間関係論を創始。それまで主流だった科学的管理法を批判した。

労働者の生産性は感情や人間関係などの影響を受け、注目されることで生産性が上がることを実証した

組織が有効に機能するためには①組織の目的の共有、②協働意志（モチベーション）、③コミュニケーションの3つが重要であると説いた

### チェスター・バーナード
(1886〜1961)

アメリカの経営者、経営学者。1938年に主著『経営者の役割』を刊行し、経営組織の基礎理論を確立。経営学者としてテイラーと並び称されるほどの名声を得た。

### one point

#### 産業構造の変化

19世紀から20世紀前半にかけての産業は作れば売れる時代だったため、資本力の有無が成功のカギでしたが、劣悪な労働環境が資本家層と労働者層の争いの種となりました。そして産業革命から約100年後に、テイラーの科学的管理法が誕生しました。

20世紀の初頭にはアメリカのフォード社が科学的管理法を導入してT型フォードの量産化に成功しました

車の量産化というのは世界初だったんですね

01 経営戦略ってなに？

KEY WORD → ✓ 経営戦略論

## 07 経営戦略の歴史③

1960年代に入ると、経営の課題が経営管理から経営戦略に変わり、さまざまな経営戦略論が誕生しました。

教授の講義は続きます。「1960年代に入ると、市場が飽和してきたため、企業は企業外部での戦い方や長期的な将来戦略を重要視するようになりました。そんな中、生まれたのが**アンゾフ**の『**企業戦略論**』です。初めて長期的な市場における競争戦略の概念を提唱したこの書物には、戦略の構築や戦略的意思決定の体系的手法も提示されています。アンゾフの組織における意思決定モデルは戦略、組織、システムの**3Sモデル**として有名です」。

### 経営管理から経営戦略論へ（1960年代）

第二次世界大戦後、アメリカの産業は「世界の工場」と称されるほど発展。次第に市場が飽和してくると、さらなる成長のための経営戦略論が必要とされるようになっていきました。

アンゾフは、組織における意思決定モデルとして、戦略―組織―システムの3Sモデルを提唱した

**イゴール・アンゾフ**（1918～2002）
ロシア生まれのアメリカ人経営学者。1965年刊行の主著『企業戦略論』は戦略論に的を絞った初めての本とされ、「経営戦略の父」とも称される。

事業部制を初めて提唱し、多角化や新規事業に進出する際の組織は、その戦略に合わせて設計すべきと説いた

**アルフレッド・チャンドラー・ジュニア**
（1918～2007）
アメリカの経営史学者。経営史研究と企業者史研究を総合し、一般経営史を開拓した。1962年刊行の『組織は戦略に従う』で有名。

さらに教授は、「**チャンドラー**の**『組織は戦略に従う』**も押さえておきましょう」と言います。チャンドラーはこの書物で、組織と戦略は密接な関係にあることを説き、組織は多角化や新規事業に進出する際、その戦略に合わせて設計すべきだとしました。また、1960年代に提唱された新たなフレームワークとして、**ボストン・コンサルティング・グループ（BCG）**による**経験効果**は重要です。

01 経営戦略ってなに？

**マッキンゼー・アンド・カンパニー**
1926年にジェームズ・マッキンゼーが設立。1950年から代表を務めたマービン・バウアーによって戦略コンサルティングファームとしての地位を築いていった。世界60カ国に105の支社を持つ

1960年代になり
経営や管理などの「内部」から
経営戦略論といった「外部」へと
企業の関心が移っていきました

**マービン・バウワー**
**（1903～2003）**
1933年にマッキンゼーに入社し、大企業の戦略策定に比重を置くスタイルを確立した。

**ボストン・コンサルティング・グループ（BCG）**
1963年にブルース・ヘンダーソン、ジェームズ・アベグレンらが設立。世界45カ国に81の支社を持つ戦略コンサルティングファーム

**ブルース・ヘンダーソン**
**（1915～1992）**
事業戦略のパイオニアとして知られ、経営コンサルティングの発展に貢献した。

## One point

### MBA

欧米でビジネススクールと呼ばれる大学院修士課程で、その修了者に与えられる学位。マッキンゼーやBCGは、MBAを取得した優秀な学生たちを受け入れて急成長した。

**ジェームズ・アベグレン**
**（1926～2007）**
BCG日本法人の代表取締役および副社長を務めた。「終身雇用」という言葉の生みの親としても知られる。

KEY WORD → ☑ マネジメント、マーケティング

# 08 経営戦略の歴史④

1970年頃から1980年代にかけて、世界的な低成長時代に突入し、マーケティングや競争戦略という概念が注目を集め始めます。

経営戦略論の歴史の勉強は、1970年代以降に突入。この時代は教授いわく「限られたパイを奪っていかに競争に勝ち成長できるかという**競争戦略**が重要となった時代」。日本でも有名な**ドラッカー**が登場し、**マネジメント**の概念を世に広めました。ドラッカーは、「マネジメントを経営管理ではなく、戦略をも内包する一段高いものとし、経営の本質は**マーケティング**と**イノベーション**である」としています。

## ドラッカー、コトラー、ミンツバーグ (1970年頃～1980年代)

1970年頃から1980年代にかけてマーケティング、競争戦略という概念が注目を集めました。有名なドラッカーやコトラーは、この時代に活躍しました。

ピーター・ドラッカー
(1909～2005)
オーストリア人経営学者で、主にアメリカで活躍。「マネジメントは事業に命を与える存在」と唱え、マネジメントの概念を世に広めた。『経営者の条件』『現代の経営』『マネジメント』ほか代表作多数。

上司たる者は、組織に対して、部下の強みを可能な限り活かす責任がある。自らの強みに集中すべきであり、不得手なことの改善にあまり時間を使ってはならない

マネジメントを経営管理ではなく戦略をも内包する一段高いものとしてとらえ、経営の本質はマーケティングとイノベーションであるとした

「企業は社会の公益のためにある」と最初に説いたのもドラッカーです

今では当たり前のCSRの概念ね

また、教授は「近代マーケティングの父、**コトラー**の『**マーケティング・マネジメント**』も重要」と言います。この書物でコトラーは顧客のセグメンテーション・ターゲティング・ポジショニングの **STP**、マーケティングの **4P** を普及させました。その他、大きな方針だけ決めてとりあえず行動し、後から修正を加えていく創発型（エマージェンス学派）こそが現実的な経営戦略だとした**ミンツバーグ**も有名です。

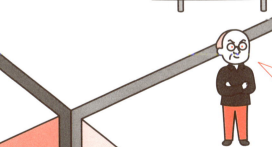

### フィリップ・コトラー（1931～）

アメリカの経営学者で、現代マーケティングの第一人者として知られる。主著に『マーケティング原理』『マーケティング・マネジメント』などがある。

> 価値の創造と交換を通じてニーズとウォンツを満たすことが大切

> マーケティングのSTPや4P、競争地位別戦略などのフレームワークを広く普及させた

- 事業戦略策定のためのフレームワーク [競争地位別戦略（→p110）]
- マーケティング戦略の基本的なフレームワーク [STP（→p126）]
- ターゲットに働きかけるための4つの要素 [4P（→p128）]

> 企業経営は本来、不確実なものであり、大きな方針だけ決めてとりあえず行動して後から修正を加えていく創発型こそが現実的な経営戦略だと唱えた

### ヘンリー・ミンツバーグ（1939～）

カナダのマギル大学クレグホーン記念教授。1988～1991年まで戦略マネジメント学会会長を務めた。主著に『マネジャーの仕事』『戦略サファリ』など。

KEY WORD ➡ ☑ 競争戦略

# 経営戦略の歴史⑤

1980年代は、70年代に引き続き、競争戦略の時代。経営戦略界の大スター、ポーターが登場し、数多くの理論を提唱しました。

教授はえい子さんに、1980年代に彗星のごとく登場し、『**競争の戦略**』と『**競争優位の戦略**』を発表した**ポジショニング学派**（⇒ p.32）の中心人物、**ポーター**について話します。ポーターはこれらの著作で「企業は市場の分析や競合分析を行い、儲かりそうな業界に進出するべきだ」と主張。「企業がとるべき戦略はコストリーダーシップ戦略、差別化戦略、集中戦略の**3つの基本戦略**（⇒ p.104）しかない」と説きました。

## ポーターが提唱した代表的な戦略

マイケル・ポーターは、現代も経営戦略やマーケティングで重視されるファイブフォース分析、バリューチェーン分析など数々の重要なコンセプトを提唱しました。

### マイケル・ポーター（1947～）

アメリカの経営学者、ハーバード・ビジネス・スクール教授。企業は儲かる業界に出るかどうか、そこでのポジションによって競争優位が決まるとするポジショニング学派の重鎮。

もはや、すべてのステークホルダーへの配慮なくして、ビジネスは成り立たない

企業は市場の分析や競合企業の分析を行って、儲かりそうな業界に進出するべきと主張した

業界の競争状態を分析するフレームワーク
[ファイブフォース分析（→p.108）]

- 買い手の交渉力
- 業界内の競合他社
- 売り手の交渉力
- 代替品の脅威
- 新規参入の脅威

26

また、**バリューチェーン分析**（⇒ p.106）というフレームワークを提示し、自社組織の機能分析の必要性も説きました。これは、外部環境分析だけで自社のポジションを決めるのではなく、自社の組織や経営資源などの内部分析も含めることでより有利なポジショニングができるという考え方です。1980年代当時の経営者たちから絶大な支持を集めたというこの理論に、えい子さんは「なるほど！」と思わず膝を打ちました。

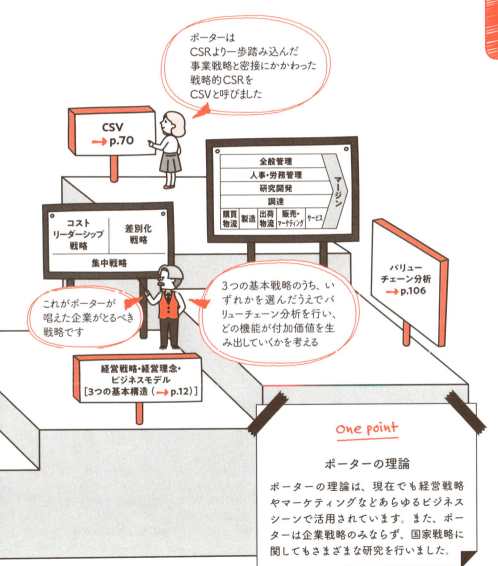

### one point

#### ポーターの理論

ポーターの理論は、現在でも経営戦略やマーケティングなどあらゆるビジネスシーンで活用されています。また、ポーターは企業戦略のみならず、国家戦略に関してもさまざまな研究を行いました。

KEY WORD → ☑ リソース・ベースト・ビュー、イノベーション

# 経営戦略の歴史⑥

1990年代以降はリソース・ベースト・ビュー派などが台頭し、1990年後半からは、イノベーションに注目が集まるようになります。

教授は「1980年代にポーターらが隆盛を極めた結果、アメリカの企業はどこも似た戦略となってしまい勢いを失いました」と言います。その結果、1990年代以降は戦略の実行力や人材と組織の重要性に注目が集まり、**リソース・ベースト・ビュー派**や**ラーニング学派**（⇒ p.33）に支持が集まりました。なかでも自社の持つ経営資源に根ざした自社の強みを活かす経営戦略の有効性を説いた『**コア・コンピタンス経営**』は有名です。

## 戦略の実行力とイノベーション

1990年代初頭には人材と組織の重要性が説かれるようになり、後半になって先進国の景気が停滞する中でイノベーションに注目が集まりました。

企業の競争優位に重要なのは、製品・サービスのポジショニングではなく、企業の持つ経営資源（リソース）をどのように活用するかであると説いた

**ジェイ・B・バーニー（1954～）**
アメリカの経営学教授。経営資源に基づく戦略論で知られ、リソース・ベースト・ビュー発展の原動力となった。

VRIO → p.66

**ゲイリー・ハメル（1954～）**
ロンドン・ビジネス・スクール客員教授。戦略やイノベーションの研究家として世界的な評価を得ている。『リーディング・ザ・レボリューション』ほか著書多数。

1990年刊行の『コア・コンピタンス経営』において、自社の持つ経営資源に根差した、自社の強みを活かす経営戦略が最も有効であると主張した

**C・K・プラハラード（1941～2010）**
インド出身のアメリカの経営学者。企業戦略論の第一人者で、多国籍企業の企業戦略と経営者の役割についての研究で知られる。

コア・コンピタンス → p.68

続けて、教授は「1990年代後半に入ると、**イノベーション**（技術革新）に注目が集まるようになった」と語ります。**クリステンセン**は、『**イノベーションのジレンマ**』（⇒ p.149）で、イノベーションによって、大企業が自社より小さい別のプレーヤーに市場を奪われてしまうメカニズムを解析。また、**コッター**は新しい大きなチャレンジを達成するには、変革型のリーダーシップが必要であると主張しました。

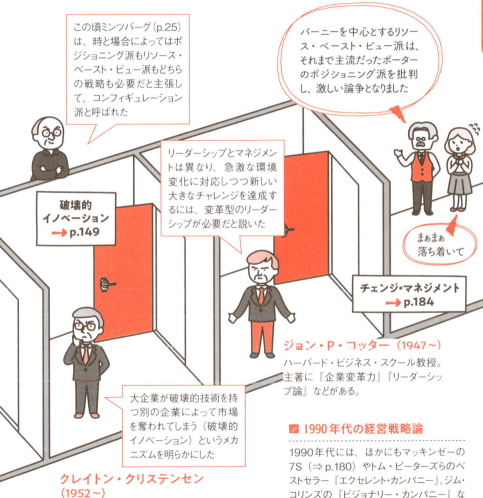

**クレイトン・クリステンセン（1952〜）**
ハーバード・ビジネス・スクール教授。初の著書『イノベーションのジレンマ』によって破壊的イノベーションの理論を確立した。

**ジョン・P・コッター（1947〜）**
ハーバード・ビジネス・スクール教授。主著に『企業変革力』『リーダーシップ論』などがある。

### 1990年代の経営戦略論

1990年代には、ほかにもマッキンゼーの7S（⇒ p.180）やトム・ピーターズらのベストセラー『エクセレント・カンパニー』、ジム・コリンズの『ビジョナリー・カンパニー』なども組織の重要性を説いて大ベストセラーとなった。そのほかにも、BPR（⇒ p.122）やタイムベース競争（⇒ p.90）、SECIモデル（⇒ p.98）などが提唱された。

KEY WORD → ☑ ITの進化

# 経営戦略の歴史⑦ （2000年代）

2000年代に入ると、新しいIT企業が世界のトップに躍り出て、新たなビジネスモデルの構築理論が生み出されました。

とうとう教授による経営戦略論の歴史の講義も最後です。教授は「2000年代、ITの進化とともに新たなIT企業が頭角を現したことから従来にないイノベーションを生み出す新しいビジネスモデルの構築理論が生まれました」と言います。例えばどんな理論かとえい子さんが尋ねると、教授は「**ブルー・オーシャン戦略**、**プラットフォーム戦略®**、**フリーミアム**、**デザイン思考**などです」と答えました。

## イノベーションを生み出す新しいビジネスモデル

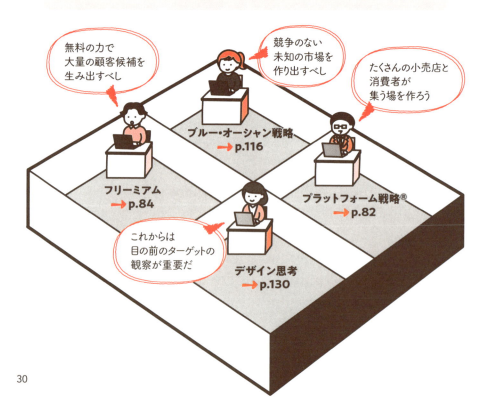

また、教授は『**リーンスタートアップ**』と『**ゼロ・トゥ・ワン**』について話し始めます。前者は、**リース**が「新規事業はまずアイデアを出し、その後は構築、計測、学習というサイクルを高速回転することが大切」と説いた著書。そして、後者は、ユーチューブや電気自動車のテスラモーターズなど、一流企業を立ち上げてきた**ティール**らが、起業家にとって正しい選択は常識の逆であることを語った著書です。

## IT時代の経営戦略論

このサイクルを高速回転することでフィードバックにかかる時間を最小にする

**『リーンスタートアップ』**
2011年刊行。トヨタ自動車の「かんばん方式」をほかの分野や企業でも適用できるように再体系化した、無駄を徹底的に排除した生産方式を提案

**▲エリック・リース（1978〜）**
スタートアップのマネジメント手法を解説した『リーンスタートアップ』がベストセラーに。数多くのスタートアップを立ち上げるとともに、GEほかの大企業に事業戦略や製品戦略のアドバイスを提供している。

賛成する人がほとんどいない大切な真実はなんだろう？

**◀ピーター・ティール（1967〜）**
ドイツ出身のアメリカの起業家で、PayPalの創業者。シリコンバレーで現在最も注目される起業家、投資家の一人。

**『ゼロ・トゥ・ワン』**
2014年刊行。「企業が成功する7つの質問」や「4つの逆張り投資法」などの解説を通し、起業家にとって正しい選択は「常識の逆」であると提唱する

# column

## 戦略サファリとは？

ヘンリー・ミンツバーグらは、その著書『戦略サファリ』において多様な経営戦略論を10の学派（スクール）に分類した。ここでは、各スクールの概要を解説する。

---

【第01学派】The Design School
### デザイン・スクール

**KEYWORD**
SWOT分析

**代表的な論者**
フィリップ・セルズニック、ケネス・R・アンドルーズ

**戦略論の概要**
最高経営責任者（CEO）が唯一の戦略家であり責任を負う。「外的可能性と内的能力の適合」という概念を開発し、他の諸学派が発展する基礎を築いた。

---

【第02学派】The Planning School
### プランニング・スクール

**KEYWORD**
成長ベクトル、多角化戦略

**代表的な論者**
イゴール・アンゾフ

**戦略論の概要**
戦略計画は戦略プランナーが行い、数量データを重視し、形式的なプロセス、分析によって作成する。「戦略論の父」と呼ばれるアンゾフに代表される学派。

---

【第03学派】The Positioning School
### ポジショニング・スクール

**KEYWORD**
PPM、ポーターのファイブフォース分析、ポーターの3つの基本戦略、バリューチェーン分析、経験効果

**代表的な論者**
マイケル・ポーター、孫子、クラウゼヴィッツ

**戦略論の概要**
産業構造が戦略を規定し、戦略が組織構造を規定する。したがって重要な戦略は、市場におけるポジションの確立である。

---

【第04学派】The Entrepreneurial
### アントレプレナー・スクール

**KEYWORD**
イノベーション、起業家

**代表的な論者**
ヨーゼフ・シュンペーター

**戦略論の概要**
戦略はリーダーの頭の中にあり、リーダーの経験や直感に基づくものである。起業家は、創発的でニッチな戦略を取ろうとする傾向がある。

## 【第05学派】The Cognitive School
### コグニティブ・スクール

**KEYWORD**
認知心理学

**代表的な論者**
ハーバート・サイモン、グレゴリー・ベイトソン

**戦略論の概要**
認知心理学を応用。戦略形成は、戦略家の心の中（mind）で起こる認知プロセスであり、それが環境変化への対応を決定し将来像として出現する。

## 【第06学派】The Learning School
### ラーニング・スクール

**KEYWORD**
コア・コンピタンス、組織学習、知的創造

**代表的な論者**
ゲイリー・ハメル、C・K・プラハラード、ピーター・センゲ、野中郁次郎

**戦略論の概要**
リーダーの役割は戦略的学習のプロセスをマネジメントすること。集団学習は創発的な形をとり、行動、回顧、思考の刺激を経て新たな行動の意義づけが行われる。

## 【第07学派】The Power School
### パワー・スクール

**KEYWORD**
政治力、アライアンス、コーペティション

**代表的な論者**
グレアム・アリソン、J・フェッファー＆G・R・サランシク、R・E・フリーマン、グレアム・アストリー

**戦略論の概要**
戦略形成は、組織内では既得権を持つ勢力との、外部環境においては政治とり交渉が必要となる。

## 【第08学派】The Cultural School
### カルチャー・スクール

**KEYWORD**
資源、7S

**代表的な論者**
エリック・レンマン、リチャード・ノーマン

**戦略論の概要**
戦略形成は組織のメンバーによって共有される信念や理解に基づいており、組織の歴史によって形成されてきた集団的な意思に基づくものである。

## 【第09学派】The Environmental School
### エンバイロメント・スクール

**KEYWORD**
組織エコロジー、条件適応

**代表的な論者**
M・T・ハナン＆J・フリーマン、D・S・プー

**戦略論の概要**
外部環境が戦略を規定する。組織は環境からの力に対応しなければならない。企業の戦略は、環境を把握し、組織がそれに正確に順応することである。

## 【第10学派】The Configuration School
### コンフィギュレーション・スクール

**KEYWORD**
組織は戦略に従う

**代表的な論者**
アルフレッド・チャンドラー、ヘンリー・ミンツバーグ

**戦略論の概要**
すべての学派を包括する考え方。組織は環境に合ったコンフィギュレーション（一貫性のある集団）をとるが、環境の変化に応じて変革が起こり、別の構造へと移行する。

# column

No. 02

## 経営戦略と マーケティング

　経営戦略とマーケティングの違いがわからないという声はよく聞かれます。経営戦略の意味をひもとくと、自社が長期的に利益を獲得していくために、ヒト・モノ・カネ・情報を配分していく活動のことを指します。具体的には、全社戦略、事業戦略、機能別戦略を決定していくことです。全社戦略とは、自社で取り組むべき事業領域を決定していくこと、事業戦略とは、各事業部単位で競合企業とどのように競合していくかを決定することです。また、機能別戦略とは事業部内にある研究開発・購買・生産・販売・財務・人事などの各部門での活動を決定していくことを指します。

　一方、マーケティングとは、自社がターゲットとする顧客を探り出し、その顧客を自社の製品・サービスを使って喜ばせるために必要なあらゆる活動のことを指します。これは機能別戦略の一部門の活動に過ぎませんが、その他の研究開発や生産、販売などとも密接にかかわってくるため、マーケティングではない活動もマーケティングと混同されてしまいがちなのです。

# chapter 02

## どうやって
## 戦略を立てるの?

先週の講義で経営戦略の概要を
知ったえい子さん。今日の講義では、
仮説思考やロジカルシンキングなど
戦略的思考の基本を学ぶようです。

KEY WORD ➡ ✓ 戦略的思考

# 01 戦略的思考とはなにか？

「戦略的に考えよ」とは経営の現場でよく聞かれる言葉ですが、具体的にどういう思考のことを指すのでしょうか。

教授は講義で**戦略的思考**を身につけることの大切さを訴えます。えい子さんがどういうものか尋ねると、教授は「収集した情報を経営の課題解決となる有益な実行につなげる思考のことだと私は考えます」と答えました。企業の置かれている環境によって、情報の持つ意味はまったく変わってきます。手に入れた情報を自分の頭で分析して、それを基に経営戦略を策定し、実行することが大切なのです。

## 自社の置かれている環境に合わせて「考える力」が大切

戦略的思考では、同じ事実でも企業によって実行すべきことは異なる。逆に言えば、実行につながらない思考は戦略的思考とは言えない。

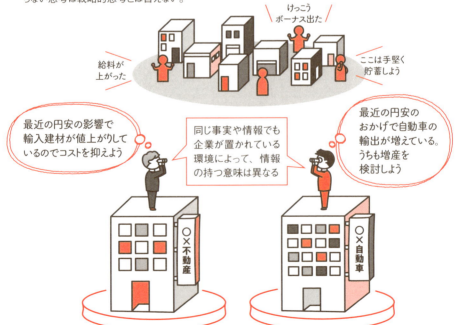

36

例えば、過去半年で円安が進んだ場合、輸出産業と輸入産業ではとるべき対応が異なります。輸出産業だったら、自社製品の国外での価格が下がり、売上が上がることが予想されるため増産を検討します。また、輸入産業なら仕入れ値が上昇して国内での販売価格も高くなるため、仕入れの制限やコスト削減などを検討することになります。このように、戦略を考える主体である会社にとっての具体的な実行に結び付くような思考が、戦略的思考です。

## 同じ事実でも各企業へ与える影響は異なる

同じ「円安」という事実であったとしても、輸出企業と輸入企業ではとるべき戦略がまったく異なってきます。

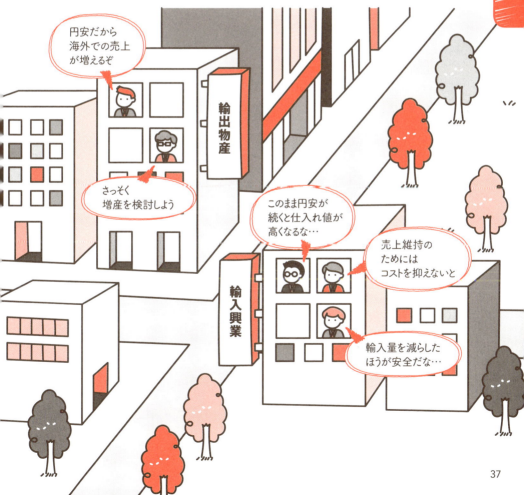

KEY WORD ➡ ☑ 仮説思考

# 02 まずは仮説を立てる

戦略策定のために関連する情報をすべて集めようとすると膨大な手間がかかります。それを避けるには仮説思考が有効です。

教授は続けます。「戦略的思考とは、情報を基に実行に結び付く経営戦略を導き出すことだと説明しましたが、関係しそうな情報を完璧に集めようとしたら、いくら時間があっても足りません。そのため、短期間で戦略を策定するために必要なのが**仮説思考**なのです」。つまり、最初に仮の結論である仮説を作ってしまい、その上でその仮説を裏付けるようなデータなどを収集していくのです。

## 仮説思考の考え方

情報の収集や分析より前に、まず仮説を立てる「仮説思考」のスキルを身につけることで、問題解決までのスピードが速くなり、仕事の正確性も高まります。

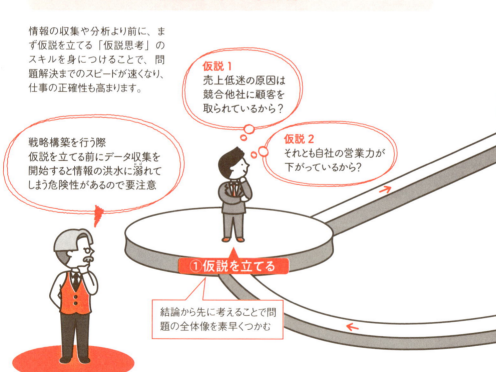

仮説1
売上低迷の原因は競合他社に顧客を取られているから？

仮説2
それとも自社の営業力が下がっているから？

戦略構築を行う際
仮説を立てる前にデータ収集を開始すると情報の洪水に溺れてしまう危険性があるので要注意

①仮説を立てる

結論から先に考えることで問題の全体像を素早くつかむ

教授は言いました。「もちろん、仮説が間違っている場合もあります。その場合でも、すぐに次の仮説を構築し、検証することで、あらゆる情報を集めてから検討を開始するよりも、はるかに短時間で効率的に解決策にたどり着くことができます。つまり、**まず仮説構築を行い、それを裏付けるのに必要な情報を収集して、検証する過程を繰り返す**ことが大切なのです」

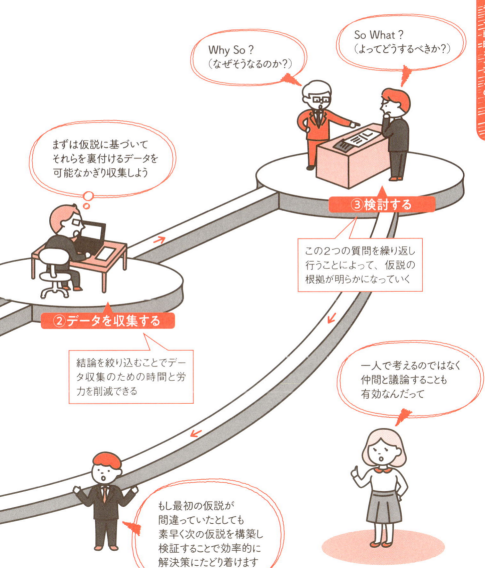

KEY WORD → ☑ 帰納法と演繹法

# 03 どう仮説を立てるのか？

仮説を立てる方法はまだあります。ここでは初心者向けの「帰納法」と上級者向けの「演繹法」を使った仮説の立て方を解説します。

次に教授は、仮説を立てる上で最も一般的な方法である**帰納法**、**演繹法**の説明を始めました。「いくつかの事実や情報を基に、そこから考えられる仮説を構築するのが帰納法です。例えば、Aという事実、Bという事実、Cという事実があったら、それはおそらくDであるという仮説を導いていきます。初心者にはおすすめですが、一部分からすべてを導くため、結果が推論になりがちという欠点があります」

## 帰納法とは

帰納法は、いくつかの前提に基づいた予測により法則（仮説）を導く手法で、統計的な情報によるため一定の説得力を持たせることができます。しかし、前提が事実であったとしても、結論が正しいとは限りません。

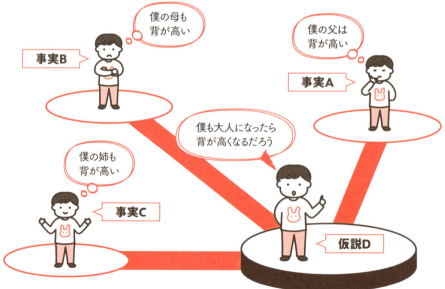

「対して、演繹法は、AだからBである、BだからCであるというように仮説を導き出す方法です。仮説を検証する方法なので、反対意見を説得する際などに有効ですが、情報に誤りや偏見があると結論も間違ったものになります。帰納法、演繹法ともに仮説を立てた上で、根拠となりそうな項目を分解し、それらを実証できるようなデータや事実を収集して、調べることで解決策や経営戦略を導き出します」

## 演繹法とは

演繹法では、前提から順を追って論理的に結論を導き出します。仮定が事実かどうかを、順を追って検証していくため導き出された結論はより強い説得力を持ちますが、途中の理論がひとつでも破綻していると正しい結論へはたどり着けません。

KEY WORD → ☑ ロジカルシンキング

# 04 論理的思考で仮説を立証する

まずは仮説を立てることが大切なのですが、それを論理的に説明するために必要なのがロジカルシンキングです。

教授は、「仮説を構築した後には、その仮説が正しいことを説明する必要があります」と言いました。そのためには"なぜ、その仮説に至ったのか"という根拠である事実やデータなどが必要です。そして、仮説構築の後で、その仮説が正しいという根拠を示すためには**ロジカルシンキング**が大切になるのです。ロジカルシンキングは、実際に企業で働いた場合、社内外の人に説明する際にも威力を発揮します。

## ロジカルシンキング（論理的な思考法）の8つのステップ

ロジカルシンキングは、収集した事実やデータと仮説を結び付けるための技術です。この手法は天性のものではなく、訓練することで習得できます。

1. 誰が何を？
   問題や課題に対し、まずは「誰が何を求めているのか？」を確認する

2. そもそもなぜ？
   「その問題は適切か」「そもそもなぜ？」とゼロベースで考える

3. 集めるべき情報は？
   仮説思考により「仮説」を立て、何が情報として必要かを洗い出す

4. まずはネット情報から
   仮説を裏付ける情報（Web、資料、新聞、インタビューほか）を収集する

ロジカルシンキングとは、言いたいことや表現したいことを相手に伝えるための技術です。代表的な手法としては、**MECE、Why So？／So What？、ピラミッドストラクチャー**の3つがあります。ロジカルシンキングは、仮説が正しいものであることを説明するためにも、自らの思考を整理するためにも、周囲の人たちを説得するためにも必要な思考法なのです。

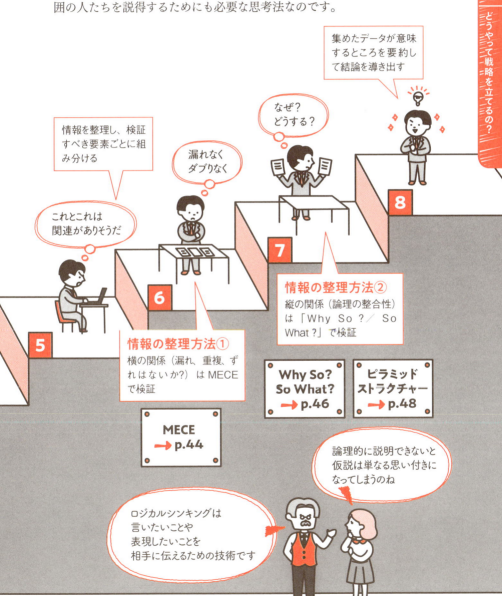

KEY WORD → ☑ MECE

## 05 ロジカルシンキング① 適切な分類

ロジカルシンキングの基本概念といわれるのが「漏れなくダブりなく」を意味するMECEです。

ロジカルシンキングの解説は続きます。「MECE（ミッシー）とは"漏れなくダブりがない"状態のことです。例えば、人を"男"と"女"に分類するとMECEの状態になります。ところが、同じ人でも"会社員"と"自営業者"に分類した場合、主婦や学生、フリーターなどさまざまな抜けがあるので、MECEとは言えません。**情報を検証する際には、分解した論点がこのMECEの状態でないと、論点の見落としが発生します**」

### 課題をMECEに分解するための5つのステップ

問題解決や経営戦略策定のプロセスは、大きな課題を小さな論点に分解していくことで、実行に結び付く解決策を見つけ出す過程です。このとき、分解した論点に漏れやダブりがあると、最適な解決策を選び出せません。

切り口がわからない…とにかく羅列してみよう

これとこれは同じグループと言えそうだ

これとこれはちょっと違うか

❶ 羅列する
直感的に思い付いたものをすべて書き出す

❷ グルーピングする
❶で挙げた要素を同じ仲間やグループごとに分類する

例えば、ダイエットは外科的な解決方法のほかには、摂取するカロリーより消費するカロリーを大きくすればよいと考えられます。その場合、まずはカロリーの「消費量を増やす」か「摂取量を減らす」かに分類できます。「消費量を増やす」場合は「運動する」「基礎代謝を高める」などに分類でき、「運動する」もまた、「水泳をする」「自転車に乗る」など細かく分類できます。こうしてすべての論点が出てくれば、その中から具体的に効果のある最適解を選べるのです。

KEY WORD → ☑ Why So？／So What？

# 06 ロジカルシンキング②
## なぜ？／どうする？

仕事で仮説や結論を導き出した後、その論理をどんどん強固なものにしていく方法があります。

教授は物事に臨む際の基本スタンスがあるといいます。「それは、ある仮説や結論、その根拠を導き出したら、結論に対しては「**Why So？**（なぜそうなるのか？）」、根拠に対しては「**So What？**（よってどうするべきか？）」と自問することです。結論にWhy So？と問えば、根拠に行き着くことができ、根拠にSo What？と問えば、結論が出てきます。**この２つが成立する場合、その論理は正しい**といえるのです。

### Why So？／So What？が論理を強固にする

仕事やプライベートでも「なぜそうなるのか？」「ならばどうするべきか？」と繰り返し考えることで論理を強固にすることができます。

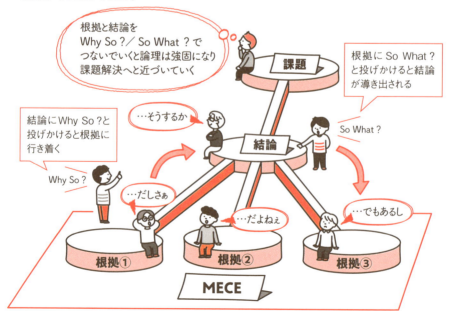

例えば"新商品の開発"という結論が出ているとき、その根拠が"既存商品の売上低下"だったとします。そこで"なぜ？／どうして？"と繰り返し自問することで、広告を打つ、価格を下げる、営業員の増員や再教育、アフターサービスの整備など、既存商品のテコ入れを行うという結論も出てくるはずです。この思考法は、プレゼン資料を見返す際に心がけると、より説得力を高める効果もあります。

## より多くの「結論」から最適解を導き出す

ある仮説や結論、その根拠を導き出す際には、常に「Why So ?」と「So What ?」を繰り返し自問することで、最適解に近づくことができます。

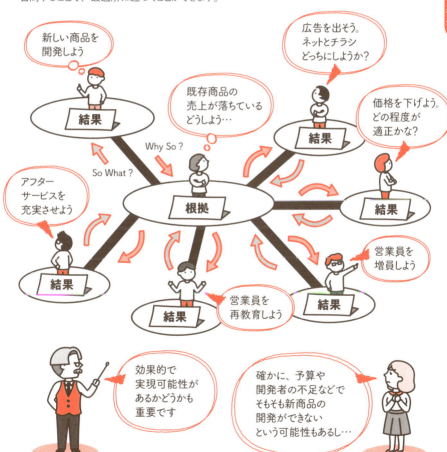

KEY WORD → ☑ ピラミッドストラクチャー

## 07 ロジカルシンキング③ 構造化

頭の中がキレイに整理できれば、人に説明するのも容易になります。説明がうまくなれば、相手の納得感は高まります。

教授はさらに戦略的思考を整理し、わかりやすく説明する技術を解説します。「帰納法と演繹法を組み合わせて、自分の主張を頂点とし、根拠をピラミッドのような形に配置した図を**構造化**、または**ピラミッドストラクチャー**と呼びます。まずは**ツリー構造（イシューツリー）**によって全体の論理構成をわかりやすく整理します。主に問題解決のための要因分析に使用されます」

### ピラミッドストラクチャーの例

一番上が「最も伝えたい結論（キラー・メッセージ）」、その下が「結論の根拠（論拠）」、さらにその下が「根拠を支える事実（データ）」で、結論と根拠、根拠と事実が、それぞれ Why So？／So What？が成り立つ関係にあれば、その論理は正しいと言えます。

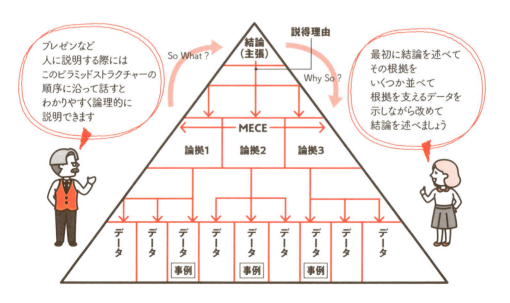

イシューツリーには**並列型**と**解説型**の2パターンがあります。並列型は先に紹介した方法で、結論の下にある根拠は並列（MECE）の関係にあり、それぞれの根拠が、結論に対して Why So ?／So What ?の関係にあります。それに対して解説型は、根拠の部分が「事実」「判断基準」「判断内容」の3つで構成されています。解説型は説明の仕方が複雑になる場合もあるので、最初は並列型で試してみましょう。

## 「解説型」のピラミッドストラクチャー

以下のように解説型で考えると、「事実」「判断基準」「判断内容」の順でひとつの根拠を導き出すことができます。

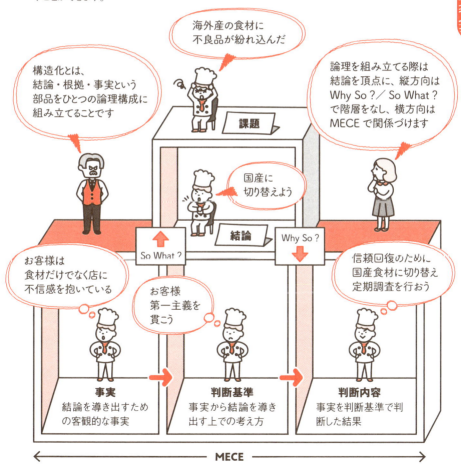

KEY WORD ➡ ☑ 水平思考

## 08 新発想を導く3ステップ

ロジカルシンキングとは別の角度から、新たな発想を導き出す手法に「水平思考」があります。

ロジカルシンキングの解説を終えて、教授は言いました。「ロジカルシンキングは論理的に物事を理解したり、説明したりするうえで重要なものですが、一方で、みんなが同じ結論になってしまうという欠点も指摘されています。そんなときに役立つのが**水平思考**です。水平思考は既成の枠組みに沿って考える垂直思考から離れ、さまざまな角度から自由に思考をめぐらせることで新たな発想を導き出す手法です」

## 水平思考の3つのステップ

既成の枠組みにとらわれない思考法として、水平思考は、特に新規事業など新しい発想が必要とされる場面で有効とされています。

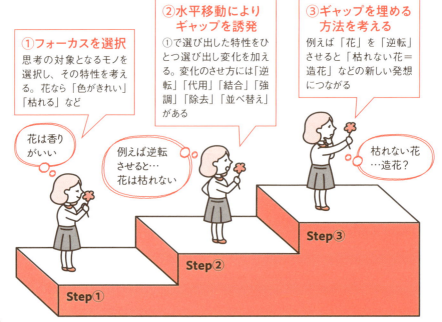

①フォーカスを選択
思考の対象となるモノを選択し、その特性を考える。花なら「色がきれい」「枯れる」など

②水平移動によりギャップを誘発
①で選び出した特性をひとつ選び出し変化を加える。変化のさせ方には「逆転」「代用」「結合」「強調」「除去」「並べ替え」がある

③ギャップを埋める方法を考える
例えば「花」を「逆転」させると「枯れない花＝造花」などの新しい発想につながる

水平思考はイギリスのエドワード・デ・ボノが提唱した発想法ですが、コトラーは、それまでの論理的な手法では新たなチャンスを見つけるのは難しいとして、この非論理的な思考法を推奨しました。『コトラーのマーケティング思考法』によれば、水平思考は**①フォーカスを選択する、②水平移動によりギャップ（刺激）を誘発する、③ギャップを埋める方法を考える（連結する）**、というステップで実行します。

## 水平思考の「6つの変化」の例

例えば「バレンタインデーに最愛の人にバラの花を贈る」ことに前述の「6つの変化」を加えると、以下のようなパターンが導き出されます。

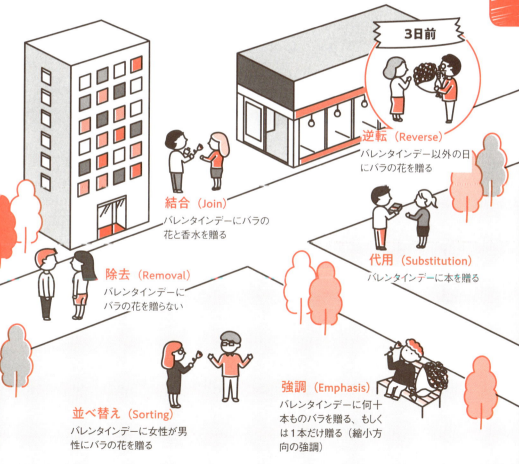

**逆転（Reverse）** 3日前
バレンタインデー以外の日にバラの花を贈る

**結合（Join）**
バレンタインデーにバラの花と香水を贈る

**代用（Substitution）**
バレンタインデーに本を贈る

**除去（Removal）**
バレンタインデーにバラの花を贈らない

**並べ替え（Sorting）**
バレンタインデーに女性が男性にバラの花を贈る

**強調（Emphasis）**
バレンタインデーに何十本ものバラを贈る、もしくは1本だけ贈る（縮小方向の強調）

02 どうやって戦略を立てるの？

KEY WORD → ☑ バーバラ・ミントの4つの軸

# 問題解決は大から小へ

戦略策定のための分析においては、「大から小へ」「全体から部分へ」という流れで考えるのがセオリーです。

今日の講義も終盤となりました。教授は「経営戦略や課題を考えるときは**大きい問題から小さい問題へ**、**全体から部分へ**という流れで考えましょう」と言いました。例えば、市場が約1000億円であれば、その10%のシェアを獲得できれば売上は100億円程度、売上高利益率が10%程度であれば利益は約10億円となります。この数字をもとに、他の新規事業の選択肢との優先順位を決めるのにも役立ちます。

## バーバラ・ミントの4つの軸

こういった考え方の軸として覚えておいたほうがよいのが、以下の「バーバラ・ミントの4つの軸」です。

| 時間 | 過去⇒現在⇒未来 |
|---|---|
| 序列 | 大⇒中⇒小 |
| 構造 | 東 西 南 北 |
| 演繹（三段論法） | 大前提⇒小前提⇒結論 |

> 4つの軸を意識して具体的な戦略構築に入る前に大から小へ、全体から部分へとざっくりとした感覚をとらえましょう

> わかっていることを大まかにとらえてざっくりと分析していくイメージかしら

＼ナルホド／

52

教授は続けます。「また、原因を見つけ出す方法としては、因数分解をするクセをつけましょう。例えば売上が上がっている要因を見つけ出す場合、売上＝単価×顧客数×リピート回数となります。こうして「売上」を要素ごとに分解し、解決策の実行可能性や全体へのインパクトの大小を勘案することで、優先的に行うべき効果的な解決策を導き出すことができるのです」

## 原因を見つけ出すための「因数分解」の例

例えば全国展開している小売業の売上低下要因を分析する場合、以下のように考えると検討すべき項目が明らかになります。

## column

No. 03

# 情報を整理する
# フレームワーク

　経営戦略を作るには、情報を整理することが必須です。情報を整理するために便利な枠組みがフレームワークと呼ばれるものです。これは例えるなら、数学の問題を解く際に使用する公式のようなものです。

　フレームワークには、戦略コンサルタントが提唱するものから、起承転結といった日常的によく知られているものまで、さまざまなものがあります。

　例を挙げると、自社の現状分析を行う際に役立つSWOT分析や3C分析、業界全体をとりまく環境に関する情報を整理したいときに役立つPEST分析などです。

　ただ、皆が同じフレームワークでばかり考えていると、結局どの企業も同じような戦略になってしまう危険性があります。最終的には自社にふさわしいフレームワークを新たに構築することが大切だといえるでしょう。

　また、整理された情報から何を学ぶのかも重要です。各フレームワークから示唆される戦略案を組み合わせ、自社の状況に最適な戦略案を構築することが大切なのです。

## column No. 04

# 先入観を取り払う
# ゼロベース思考

　ある課題を解決しようとする際、思考の沼にハマってしまい、なかなか抜け出せないときがあると思います。

　そんなとき、有効なのが「ゼロベース思考」です。これは、既存の経験、知識、常識、習慣などにとらわれることなく、それらの概念を取り払ってゼロの状態から事象をとらえていく、先入観のない思考方法のことです。

　ゼロベース思考のコツは「そもそもなぜそれが課題なのか」と課題の設定自体の妥当性までさかのぼって考えることです。例えば、「売れ行きが落ちている商品Aを売るためにはどうしたらいいか」という課題があった場合、「そもそもなぜ商品Aを発売したのか」など、前段階まで考えてみるのです。すると、例えば「そもそもターゲットとしている市場全体が縮小している」といった仮説に行き当たります。

　この場合は、そもそも課題の設定を誤っていたのです。議論が進む中でいつの間にか別の課題について議論してしまうことはよくあります。常に「そもそもなぜこれが課題なのか?」を考えるクセをつけることが重要です。

# column

No. 05

# ZARAに学ぶ
# ビジネスモデル

　ビジネスモデルとは、「儲けの仕組み」のことです。例えば、人気ファッションブランド ZARA（ザラ）が導入しているのは、生産から販売までを一気通貫で取り組み、一連の工程をITで管理してムダをなくす「SPAモデル」と呼ばれるビジネスモデルですが、それだけではありません。

　ZARAは物流も自社で行うことで新作を素早くリリースすることができ、かつ在庫リスクを低減しているのです。

　また、ZARAは同じ商品を一定数しか作らず、その商品を売り切ったら同じ商品を再度販売することはありません。その代わり、流行のデザインを取り入れた商品をいち早く商品化し、企画からわずか2～3週間で販売します。広告はほとんど行わず店舗自体が広告なのです。

　ZARAの商品は「今この場で買わないと売り切れてしまうかも」という希少価値が高まり、同時に、購入した希少価値の高い商品を求める客をリピーターにするという狙いも果たしているのです。

# chapter 03

# 戦略策定の前に
# するべきことは？

大学の講義で経営戦略の概要を学んだ
えい子さんは、実際の経営に
携わっている人の話を聞いてみたくなり、
会社経営をしているおじさんを訪ねました。

KEY WORD → ☑ **外部分析と内部分析**

# 01 まずは自社の現状を把握する

会社の内部環境と外部環境を分析して自社の立ち位置を把握することで、有効な戦略を立てることができるようになります。

教授の講義を聴いて、より実務的な話を聞いてみたくなったえい子さんは、会社を経営しているおじさんに会いに行きました。おじさんは「戦略策定のためには、まず自社が置かれている現在の状況を正確に把握することが大切なんだ」と言いました。企業によって検討すべき点は異なりますが、為替レートや原料高騰、法改正など、戦略を左右する要素は数多くあります。また、現状分析の方法には、大きく分けて**外部分析**と**内部分析**があります。

## 外部分析と内部分析のフレームワーク

外部分析と内部分析を行う際に有効なフレームワークには、外部分析に用いられるPEST分析、外部・内部の両方の分析に用いられるSWOT分析、3C分析、内部分析に用いられるVRIO分析などがあります。

内部分析は主にVRIO分析（⇒ p.66）を用いて、さまざまな角度から自社の得意分野や弱点、経営状況、資金・人材の有無など、社内の要因に関する分析を行います

内部分析

VRIO分析で経営資源と能力を測ろう

外部分析とは、会社の事業に影響を与える外部の要因に関する分析です。人口や政治、経済、環境、技術、文化といった**マクロ環境**と、市場動向のような**ミクロ環境**が考えられます。一方、内部分析は、営業力や商品開発力などの**自社の強みや弱み**、資金や人材の有無といった**社内の要因**に関する分析です。分析を行う際は、常に自社の戦略に影響を及ぼす要因か否かを考えてから検討する必要があります。

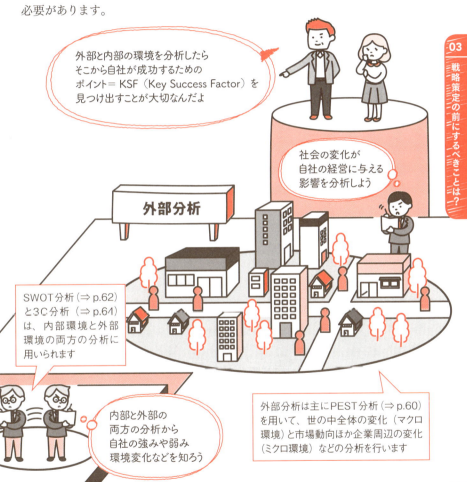

KEY WORD → ✓ PEST分析

# 02 外部のマクロ環境を分析する

世の中全体の変化（マクロ環境）は会社の経営状況に影響を与えます。社会の変化を分析することで、会社の未来を予測できます。

おじさんは続けて、**PEST分析**の説明を始めました。「PEST分析は、4つの切り口から事業をとりまく外部のマクロ環境を分析する手法で、**Pは政治、Eは経済、Sは社会、Tは技術**を指している。社会から自然やエネルギーなどの環境面であるE（Ecology）を別に立ててPESTE分析とする場合もある。4つの切り口について書き出していくときには、現状だけでなく3〜5年先まで予測しよう」

## PEST分析とは

事業を成功に導くためには、時代の潮流をとらえる必要があります。そのために有効なフレームワークがPEST分析です。

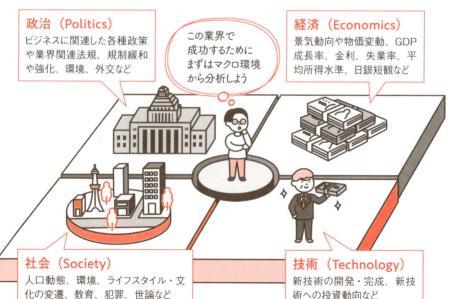

**政治（Politics）**
ビジネスに関連した各種政策や業界関連法規、規制緩和や強化、環境、外交など

**経済（Economics）**
景気動向や物価変動、GDP成長率、金利、失業率、平均所得水準、日銀短観など

この業界で成功するためにまずはマクロ環境から分析しよう

**社会（Society）**
人口動態、環境、ライフスタイル・文化の変遷、教育、犯罪、世論など

**技術（Technology）**
新技術の開発・完成、新技術への投資動向など

「PEST分析に当たって、特に人口動態は移民政策の大幅な変更や出生率・死亡率の劇的な変化がない限り、最も予測が付きやすい項目だ。また、特に海外展開を検討する際には、平均所得水準の推移を調べると、どのような商品が次に売れるか予測しやすいと言われているよ。こうした環境の変化から、業界における成功の要因の変化を可視化することで、次の戦略が見えてくるんだ」

## PEST（E）分析のリスク評価マップ

PEST分析を行う際には、以下のようなリスク評価マップを作成すると、まず対処しなければならない課題が見えてきます。

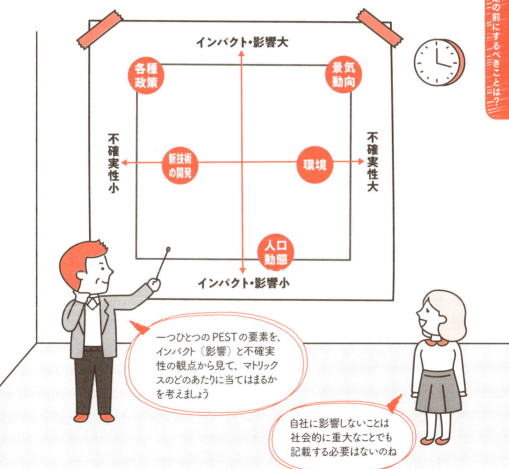

KEY WORD → ✓ SWOT分析、クロスSWOT分析

# 03 4つの要因から自社の現状を把握する

フレームワークの中には、自社の現状を把握できる上、戦略策定にも活かせるものがあります。

---

おじさんの解説は続きます。「**SWOT分析**は、事業をとりまく内部環境と外部環境を分析するための手法なんだ。まずは、**強み**、**弱み**、**機会**、**脅威**と書かれた枠を作成し、機会と脅威の枠内に、自社の事業から見てチャンスやピンチとなる市場や社会環境の変化について記す。次に、自社の強みと弱みを書き込むんだけど、その際、他社と比べてどう優秀なのかというところまで考えて書き込もう」

## SWOT分析とは

SWOT分析は、自社の強みと弱み、外部の機会と脅威から、自社の戦略を考える手法。機会と脅威については、2～3年後ぐらいまで予測して書くことが大切です。

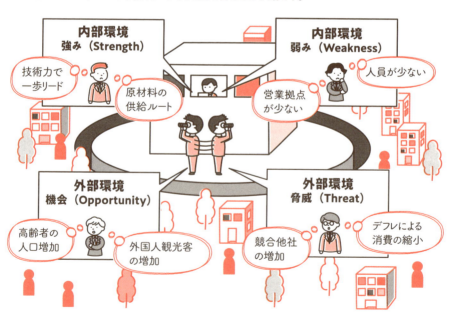

この分析で重要なのは、SWOTのそれぞれの事象において、自社はどのように対応するのかを決めることです。そこで次に行うのが**クロスSWOT分析**です。SWOT分析から導き出された4つの要因を「**機会×強み**」「**機会×弱み**」「**脅威×強み**」「**脅威×弱み**」と掛け合わせて考えることで、自社の現状分析が、実行につながる戦略策定に生きてくるのです。

## クロスSWOT分析の例

SWOT分析で導き出した4つの要因を、「機会×強み」「脅威×弱み」などと掛け合わせて考えるのがクロスSWOT分析です。会社単位ではなく、事業ごとに脅威や機会が異なる場合には、事業ごとに作成しましょう。以下はレストランの例。

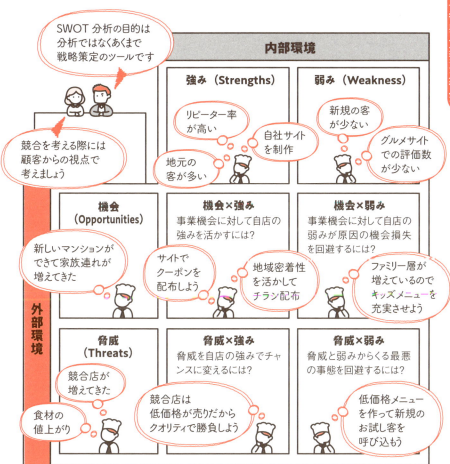

KEY WORD → ☑ 3C分析

# 04 3つの視点から自社の現状を分析する

自社の現状を分析する際、多くの企業で使用されているのが3C分析と呼ばれるフレームワークです。

えい子さんがおじさんに、どうやって自社の現状を分析しているのか尋ねると、「**3C分析**というフレームワークで、**市場・顧客**、**競合**、**自社**の3つの視点で分析しているね。市場と競合が外部分析、自社が内部分析で、市場・顧客、競合、自社の順に外から内へと分析するんだ」と答えました。また、他社とのアライアンスを意識するために協力業者を入れ、**4C**とすることもあるそうです。

## 3C分析とは

3C分析では、自社の現状を「市場・顧客」「競合」「自社」の3つの視点で分析します。以下は、とある企業が缶コーヒー市場参入にあたり3C分析を適用したイメージです。

64

続けて、おじさんは説明します。「まず、市場・顧客の視点で自社の事業において、どのような潜在顧客がいるのかを把握します。次に、競合の視点で自社の事業において競合している企業を分析。それらを踏まえた上で、自社の視点で自社の強みや弱み、現在の戦略や実績、経営資源の有無を分析していくんだ。私はその分析結果を見ながら、市場の変化により成功要因はどう変化しているかを考えているよ」

KEY WORD → ✓ **VRIO分析**

## 05 経営資源と その活用能力を測る

戦略を立てるには自社がどんな経営資源を持っているか把握しなくてはなりません。どうすればそれを知ることができるのでしょうか。

えい子さんは自社の経営資源や能力をどうやって測っているのかおじさんに尋ねました。おじさんは「**VRIO分析**を使っているよ。これは経営資源が競争優位を作るという考えの下に経営学者のジェイ・B・バーニーが考案したもので、価値、希少性、模倣可能性、組織体制の4つの切り口から企業を分析し、どんな経営資源を持っているか、またそれを活用する能力があるかを探るんだ」と答えました。

### VRIO分析とは

VRIO分析は、「経営資源が競争優位を作る」という「リソース・ベースト・ビュー」の考えに基づいて考案されたフレームワークです。

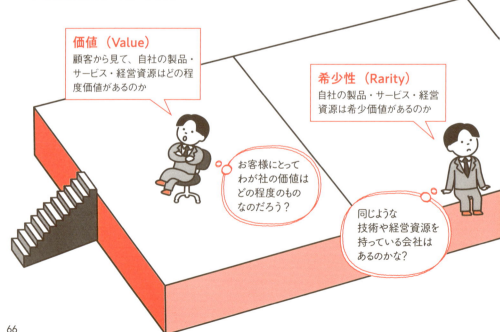

**価値（Value）**
顧客から見て、自社の製品・サービス・経営資源はどの程度価値があるのか

お客様にとってわが社の価値はどの程度のものなのだろう？

**希少性（Rarity）**
自社の製品・サービス・経営資源は希少価値があるのか

同じような技術や経営資源を持っている会社はあるのかな？

「VRIO分析のうち、特に重要なのが**模倣可能性**だね。4つの切り口をすべて満たしていれば、競争優位性を継続的に保つことができると判断できるんだけど、とりわけ他社が真似できないことは、競争優位を考える上で最も重要な視点だからね」。なお、バリューチェーン分析（⇒ p.106）や7S（⇒ p.180）などの項目をそれぞれVRIO分析すると、強みと弱みを把握でき、戦略を立てやすくなります。

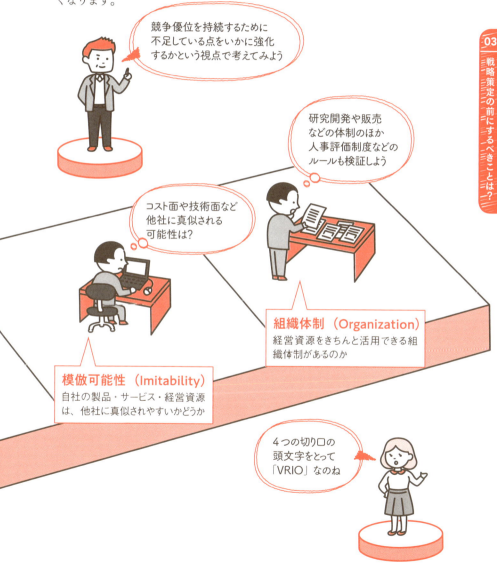

KEY WORD → ☑ コア・コンピタンス

## 06 自社の強みを分析する

他の企業に勝つためには、自社の強みの中でも圧倒的な強みを活かす、というやり方があるようです。

えい子さんは、おじさんに他の企業に負けないためにはどうすればいいのかを尋ねました。「ひとつは**コア・コンピタンス**といって、圧倒的な企業の強みを持つことだね。これは"自社の中核的な力"あるいは"自社が強みを発揮するための経営資源"のことで、模倣可能性、移転可能性、代替可能性、希少性、耐久性という5要素を満たしていれば、コア・コンピタンスと考えるんだ」

### コア・コンピタンスを見極める5つの視点

コア・コンピタンスはロンドン・ビジネス・スクールのゲイリー・ハメル客員教授（⇒ p.28）とミシガン大学ビジネス・スクールのC・K・プラハラード教授（⇒ p.28）の2人が提唱した概念で、主に以下の5つの要素から見極められます。

**模倣可能性（Imitability）**
その技術や特性が簡単に真似できるものなのか。模倣可能性が低いほど競争優位性が高い

20年の研究開発で培ったこの技術はそうそう真似できまい

自社の強みは内部ではわからない場合も多いから外部の意見も聞こう

この技術をあの製品の開発・製造だけにとどめておくのはもったいない！

**移転可能性（Transferability）**
例えばひとつの技術が、特定の製品だけでなく、その他の製品や分野へ応用することも可能なのか

68

おじさんは続けます。「例を挙げると、ナイキの著名人を使った広告宣伝で培ったブランド、トヨタのかんばん方式（⇒ p.132）などだね。他にも、技術開発力や組織全体が持つ共通の価値観などもコア・コンピタンスといえる。しかし、強みとなる要素が有効かどうかは市場環境や時代によって変わり、一度確立したものでもすぐに陳腐化してしまう可能性があるので、常にその見直しを図ることが大切だね」

# column

No. 06

# CSRとCSV

　ハーバード・ビジネス・スクール教授のマイケル・ポーターは、これまでの企業のCSR（企業の社会的責任＝Corporate Social Responsibility）活動は、社会に大きな影響を及ぼさなかったと考えました。また、CSRは事業戦略と密接なものであるべきと考え、それを戦略的CSRと称しました。これを、現在ではCSV（共通価値の創造＝ Creating Shared Value）と呼びます。

　例えばペットボトルに入った水という商品が売れるたびに寄付を行う企業活動はCSRですが、水を環境にやさしい素材の容器で売る企業活動はCSVといえます。顧客や取引先も、事業戦略に社会的な価値のある企業を評価する時代になってきました。こうした事実や変化を背景に、現在はCSVが注目を集めるようになりました。また、CSVは製品や生産プロセスよりも競合が模倣することが難しく、企業にも競争優位性をもたらします。

　ポーターは、CSVを創出するための方法として、①製品と市場の見直し、②自社のバリューチェーンの生産性を再定義、③企業が拠点を置く地域を支援する産業クラスターの創造、という３つの方法を提唱しています。

# column

No. 07

## リバース・イノベーション

　これまで、イノベーションは先進国で生まれ、世界に広まっていくものと考えられていました。しかし近年、途上国で生まれたイノベーションが、先進国でも広まっていくという逆の現象が注目を集めています。これが「リバース・イノベーション」です。

　インドで開発され、今では世界中に広まったGEの心電計はその一例です。当初、GEは先進国で発売されていた高性能の心電計をインド市場で販売しましたが、まったく売れませんでした。そこで、インドでは心電計の性能を落として、その代わりにポータブルで電力消費が少なく、簡単に使える心電計を開発しました。すると、その商品はインド市場ばかりでなく、先進国においてもヒットしていったのです。

　リバース・イノベーションを提唱したダートマス大学のビジャイ・ゴビンダラジャン教授は、このようなリバース・イノベーションを生み出すには、「性能」「インフラ」「持続可能性」「規制」「好み」という5つのギャップに着目することが出発点になるとしています。

# column

No. 08

# SDGsとはなにか？

　SDGs（Sustainable Development Goals）とは、2015年に、人類の歴史上で貧困に対して最も大きな効果を収めたといわれる世界的な取り組みMDGs（ミレニアム開発目標）から引き継がれて生まれた新しいアジェンダです。国連本部で日本を含む193の加盟国の合意の下に採択された世界を変革するための17の目標が設定されており、優れた取り組みを行った企業や団体などが表彰されます。

　アジェンダにはゴールがあり、「貧窮をなくそう」「飢餓をゼロに」「すべての人に健康と福祉を」「質の高い教育をみんなに」など具体的な目標が掲げられています。また、例えば「貧窮をなくそう」なら「2030年までに、現在1日1.25ドル未満で生活する人々と定義されている極度の貧困をあらゆる場所で終わらせる」など、細かく目標が設定されています。期限は2030年までとされており、世界各国でSDGsを使ったさまざまな取り組みが行われています。日本でも大企業を中心にSDGsに取り組む企業が増えてきています。

# chapter 04

## 成長のための戦略とは?
### (全社戦略と成長戦略)

将来の起業を考えているえい子さんは
仲間たちとともにスタートアップ企業を
立ち上げたセンリくんから
起業の際のアドバイスを受けているようです。

KEY WORD → ☑ 事業ドメイン

# 01 まずは事業領域を設定する

経営戦略は、全社戦略→事業戦略→機能別戦略と、順に落とし込むのが基本です。「全社戦略」の策定にはなにが必要なのでしょうか?

えい子さんは、経営戦略を策定する際、まずなにをするべきかをセンリくんに尋ねました。センリくんは「第一歩は全社戦略の策定で、そのために最も重要なのは**事業領域（ドメイン）**を設定することです。例えば電機メーカーとひと口に言っても、家庭の電化製品、工場などの電気設備と、主として扱う事業領域は企業によって異なります。まずは会社の事業ドメインを見つけ出しましょう」と答えました。

## 事業ドメインの例

事業ドメインを設定する際に重要なことは、自社が最も強みを発揮することができ、将来的にも成長が望めるドメインを見つけ出し、そこに資源を集中投下することです。

### 事業ドメインの例

|  | 企業名 | 事業ドメイン |
|---|---|---|
| サービス | NEC | C&C（コンピューター&コミュニケーション） |
|  | ガンホー | ゲームを軸としたサービス事業 |
| 顧客軸 | 楽天 | Eコマース、電子書籍、金融 |
|  | オリックス | 金融機関が提供できないサービス |
| 製品・技術軸 | カゴメ | トマトを軸とした事業 |
|  | キヤノン | 光学技術を軸とした事業 |
| 機能軸 | ヒューレット・パッカード | ソリューション・サービス |
|  | 電通 | トータル・コミュニケーション・サービス |

ドメインは狭すぎてもよくありません。多角的な視点で行うことが大切です

センリくんはさらに「最も適切なドメインを見つけ出すには、事業を多角的な視点で分析することが必要です。**誰に対して行うのか（顧客軸）、どのような技術を活用するのか（製品・技術軸）、どのような機能を顧客に提供するのか（機能軸）の3つの切り口から戦略を策定する**のです」と続けます。将来成長しそうな新興市場を狙うのか、成熟産業に新しいビジネスモデルを持ち込むのか、戦略はさまざまです。

## 3つの切り口が重要

事業ドメインの設定は、3つの切り口から考えましょう。また、タイミングも重要です。あまりにも早いと市場が存在せず、逆に遅いと乗り遅れてしまうからです。

KEY WORD → ☑ **PPM、ビジネススクリーン**

# 02 資金分配のための2つの手法

事業に投下できる資源（資金）は限られています。複数の事業にはどのように資金を配分するのが効果的なのでしょうか？

続いてえい子さんは、センリくんに資金の分配方法について尋ねました。センリくんは「多角化した企業の資金分配のためのフレームワークとしては、BCGが提唱した**PPM**があります。マーケットシェアと市場成長率の観点から、事業状況を①**花形**、②**金のなる木**、③**問題児**、④**負け犬**に分けるのです。金のなる木で得た資金を花形の維持と今後成長が見込まれる問題児に投入するのです」

## PPM（Product Portfolio Management）とは

PPMは複数の事業を行っている企業が事業資金をどう配分するか決定する際に使う経営理論で、縦軸に「市場成長率」、横軸に「マーケットシェア（市場占有率）」を取り、事業を以下の４つに分類します。

**①花形（Star）**
市場成長率とマーケットシェアが高い事業（売上は伸びるが先行投資が多いので利益は少ない）

**③問題児（Problem child）**
市場成長率は高いが、マーケットシェアが低い事業（市場成長率が高いうちに花形を目指して先行投資が必要）

**②金のなる木（Cash cow）**
市場成長率は低いがマーケットシェアが高い事業（市場を制覇し、かつ先行投資が減ってくるので収益性が高い）

**④負け犬（Dog）**
市場成長率もマーケットシェアも低い事業（市場成長率が低いのでシェア挽回のチャンスが少ない。負けが決定している）

負け犬や問題児に分類される事業でも①や②のシェア維持に必要な事業である場合もあるのですぐに撤退という判断はできません

負け犬かわいそう…

「このように事業分野を成長率と占有率の2つの軸で4つのいずれかの象限に分類するという手法は非常にシンプルでわかりやすいのですが、事業戦略としては単純化しすぎているという批判もあります。そこでPPMよりも精緻に資金配分を検討できるように開発されたのが**ビジネススクリーン**です。しかし、この方法はPPMとは逆に複雑すぎたため、実はあまり普及していません」

## GEのビジネススクリーン

PPMよりも精緻に資金配分を検討できるようにと、GE（ゼネラル・エレクトリック）とマッキンゼー・アンド・カンパニーが共同で開発したのがビジネススクリーンです。

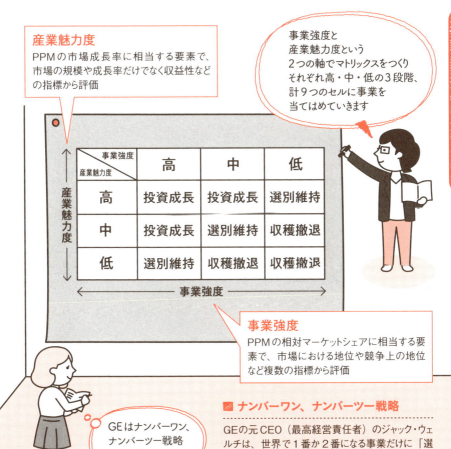

### ナンバーワン、ナンバーツー戦略

GEの元CEO（最高経営責任者）のジャック・ウェルチは、世界で1番か2番になる事業だけに「選択と集中」を行い、それ以外の競争力がない事業からは撤退してしまう戦略で成功を収めた。

KEY WORD → ☑ 多角化戦略

## 03 成長とリスク分散のための戦略

企業の安定的な成長のためには、「リスクの分散」が欠かせません。どのような経営戦略でそれを実現できるのでしょうか？

センリくんは、経営上のリスクを分散するために重要なのは**多角化戦略**だと言います。「事業を多角化することによって、新たな収入源が確保できる上、収益源が複数確保できるので、リスク分散につながります。特に本業の延長線上にあり、相乗効果が期待できる事業ならば、十分に検討する余地があるでしょう。資金や人材などが不足する場合には、企業買収や業務提携も視野に入れます」

### 多角化戦略の4つの型

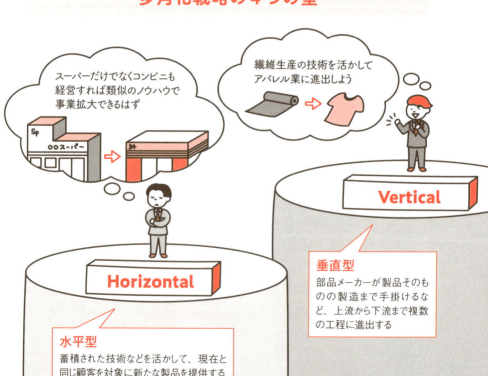

スーパーだけでなくコンビニも経営すれば類似のノウハウで事業拡大できるはず

繊維生産の技術を活かしてアパレル業に進出しよう

**Horizontal**

**水平型**
蓄積された技術などを活かして、現在と同じ顧客を対象に新たな製品を提供する

**Vertical**

**垂直型**
部品メーカーが製品そのものの製造まで手掛けるなど、上流から下流まで複数の工程に進出する

一方で、多角化戦略のリスク増大についてもセンリくんは指摘します。「1980年代、バブル期の日本では、多くの企業がリゾート開発やゴルフ場経営など、本業と関係のない事業を手掛けて失敗しました。既存のノウハウで対応できない新事業に取り組む際には、特に注意が必要です。そうしたリスクを避けるためにも、**事業ドメインや経営理念を明確化し、その枠内で、多角化戦略を検討すべき**です」

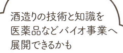
酒造りの技術と知識を医薬品などバイオ事業へ展開できるかも

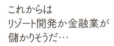
これからはリゾート開発か金融業が儲かりそうだ…

酒造りの技術を活かして多角化を考えたい

**Concentric**

**Conglomerate**

**集中型**
既存のものに近い新たな製品やサービスを開発し、新たな市場を開拓する

**集成型**
現在の製品やサービスと関係ない新たな市場へ進出する

04 成長のための戦略とは？

むやみな多角化は危険だけど市場が縮小していく中では避けては通れない戦略かも

多角化は限られた経営資源をいかに有効活用するかが重要。PPM（⇒ p.76）などを使って効率的な資金配分を

### One point

**シナジー効果**

多角化によって事業同士に良い効果が生まれる場合があります。例えば、鉄道会社が宅地開発やバス事業に進出した場合、3つの事業の収益が相乗効果でアップする場合があります。このような効果をシナジー効果と言います。

79

KEY WORD → ☑ 製品-市場マトリックス

# 事業拡大のための分析手法

事業を拡大し、企業を成長させるためには、製品（サービス）と市場という2つの面から経営戦略を練る必要があります。

「事業拡大、成長戦略の検討に役立つPPMのようなフレームワークはあるのでしょうか？」とえい子さんは尋ねました。センリくんは、"経営戦略の父"とも呼ばれる経営学者イゴール・アンゾフによる**製品-市場マトリックス**を紹介してくれました。「これは事業拡大の際、製品（サービス）と市場のそれぞれについて既存、新規のいずれを用いるかによって4つの成長戦略を示したものです」

## 製品-市場マトリックスとは

アンゾフの製品-市場マトリックスは、事業拡大を「新製品を開発するか、既存の製品のままいくか」（製品軸）と、「これまでの市場で戦うか、新市場に進出するか」（市場軸）という2つの軸で考えるフレームワークです。

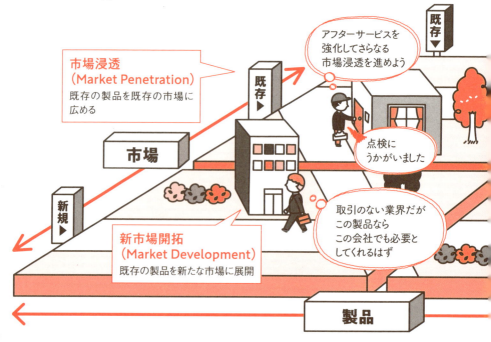

センリくんは続けます。「既存の製品を既存の市場に広める市場浸透という戦略はリスクが低く、拡大というよりは事業強化に近いものだと言えます。さらに新製品開発、新市場開拓が成長戦略としては中間に位置し、新製品を新市場に展開しようとする多角化は、異業種への参入という可能性も含まれていて、最も難易度が高い戦略です。ただし成功すれば、最も大きな成長が期待できます」

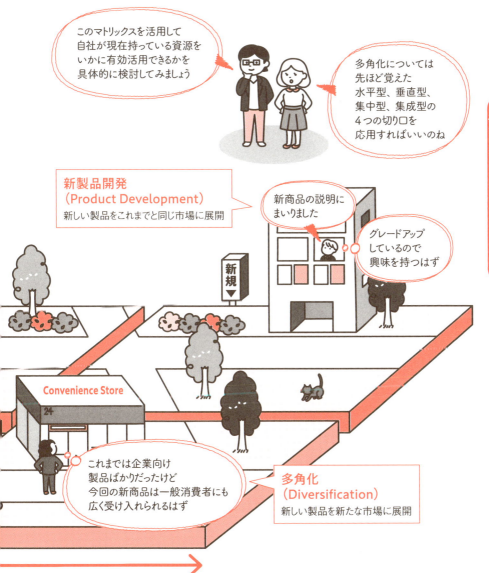

KEY WORD → ☑ **プラットフォーム戦略**®

## 05 楽天が築き上げた経済圏とは？

アマゾン、楽天などの急成長したインターネット企業は、どんな経営戦略によって"勝ち組"になったのでしょうか？

センリくんは、21世紀型の経営戦略として最も注目されている**プラットフォーム戦略**®について、楽天を例に挙げてえい子さんに説明します。「そもそも楽天自体はモノを作ったり、売ったりしていません。楽天市場という"場＝プラットフォーム"の管理運営が事業なのです。全国の中小小売店は手数料を払って、ネット上の仮想市場に出店。商品を購入しようとするユーザーは会員登録をします」

### 楽天が成功した2つの理由

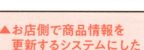

▲**出店料を安くした**
従来のウェブ上の市場は出店料が高く、規模の小さな小売店などはなかなか出店できなかった。これを楽天は破格に安くしたため、出店が急増した。

▲**お店側で商品情報を更新するシステムにした**
それまではサイトに情報をアップするのは市場側だったため反映に時間がかかっていた。そこで楽天はお店自体を教育し、お店側で商品情報を更新できるようにした。

楽天は、店舗にネット販売のシステムとノウハウを提供し、会員には通貨のように貯めたり使えたりするポイントシステムを構築しました。また、楽天カードのような自社の金融ビジネスに会員を誘導し、高い収益を上げています。他にも保険、旅行、通信などライフシーンを幅広くカバーするサービスもあり、楽天というプラットフォームは、あたかもひとつの"経済圏"のように形成されているのです。

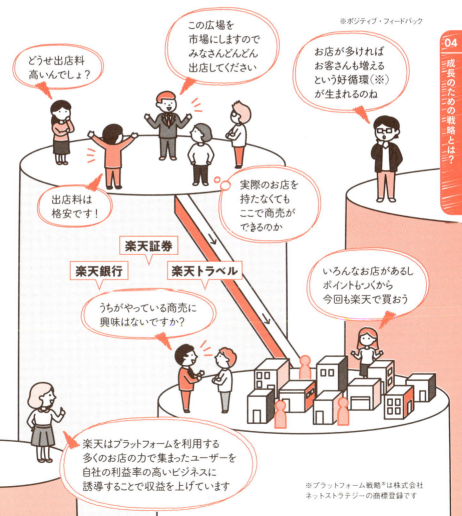

KEY WORD → ☑ フリーミアム

## DeNAの無料ゲームはなぜ儲かる？

スマホのゲームアプリは無料でダウンロードできて遊べるのに、どうしてテレビCMなど多額の広告料がかけられるのでしょうか。

無料ゲームを提供する会社が儲かる仕組みがわからないえい子さん。センリくんが解説してくれます。「アメリカのベンチャー投資家フレッド・ウィルソン氏は**フリーミアム**というビジネス戦略を打ち出しました。フリーとプレミアムを合わせた造語です。少数の試供品を無料で配り、多数の製品購入を促す商法は以前からありましたが、デジタル製品の場合は無料と有料の割合が逆転するところがポイントです」

### IT化で進化したフリーミアム

昔から行われていた試食や無料サンプルなどもフリーミアムの一部です。しかし、IT化の進展によってフリーミアム戦略も変化しました。

●従来のフリーミアム

有料 90%

Free！

従来の無料サンプルは販売促進用に化粧品や飲料のサンプルを配ったりしていましたが実費がかかるのでメーカーは少量で消費者を引き付けて、より多くの需要を生もうとしていました

●デジタル製品のフリーミアム

有料 10%

Free！

デジタル製品は複製のコストが極めて安いので大量の無料サンプルを配信しその10％程度の人が有料に加入することで、90％の人が無料でも全体としては収益を上げられるのです

「無料配布ではITを活用し、膨大な数の顧客を集めます。その上で、ごく一部のユーザーが有料サービスを利用することで、全体として収益を上げます。フリーミアムは、有料利用が顧客全体の数％でも成立するビジネスモデルです。DeNAはゲーム内で使えるアイテムを有料で提供していますが、そのデータは、極めて低コストで製造・流通・販売できる商品ですので、企業は十分な収益を上げられるのです」

## 無料ゲームの儲けの仕組み

無料ゲームはデジタルコンテンツのため、リアルの製品とは異なり複製のコストがほとんどかかりません。そのため、9割のユーザーが無料で使用していても利益を上げることができるのです。

KEY WORD → ☑ アダプティブ戦略

## 07 環境変化に対応するための戦略

検討を重ねてやっと立てられた経営戦略でも、環境に変化があれば見直すなど、臨機応変に素早く対応する必要があります。

「経営環境の激変に、企業はどう対応すればいいのでしょうか？」。そう尋ねるえい子さんにセンリくんが答えます。「BCGは環境変化の特徴を、ゆるやかに上下の変化を繰り返す**サイクル**、一時的に変化して元に戻る**テンポラリー**、徐々に変化する**移行**、突然変化し元に戻らない**ジャンプ**の4つに分類しました。これらの変化を予見し、環境を自ら改変できるかによって経営戦略を選択します」

### BCGが唱えた環境変化の4つの分類

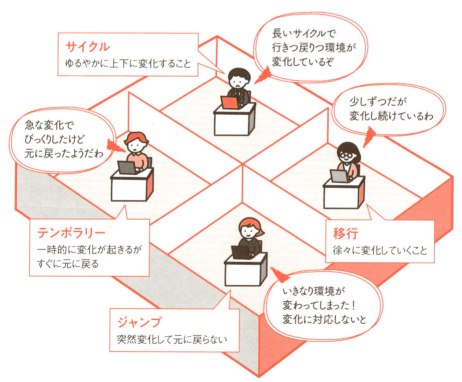

**サイクル**
ゆるやかに上下に変化すること

長いサイクルで行きつ戻りつ環境が変化しているぞ

急な変化でびっくりしたけど元に戻ったようだわ

少しずつだが変化し続けているわ

**テンポラリー**
一時的に変化が起きるがすぐに元に戻る

**移行**
徐々に変化していくこと

いきなり環境が変わってしまった！変化に対応しないと

**ジャンプ**
突然変化して元に戻らない

変化の予見が困難で、自社によって環境を変え得る可能性がない場合には、企業は**アダプティブ（適応）戦略**を採用し、素早く自社の優位性を再構築すべきだとBCGは提唱しています。そのためには普段から継続的に経営面での実験を行い、より新しく優れた方法を採用するなど、環境の変化に適応し続ける能力を企業全体として習得しておく必要があります。

## 環境変化に対応するための3つの軸と5つの分類

BCGは、左イラストのような環境変化に対応するための経営戦略として、「変化の予見」「自ら環境を変えることができる可能性」「環境の過酷さ」という3つの軸を基に5つの分類を行いました。

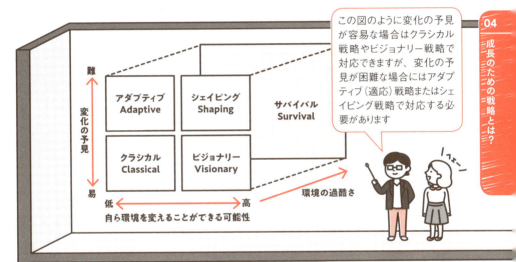

BCGはアダプティブ戦略をとるためには、右の5つの能力が必要だと唱えました

① トライアンドエラーの学習能力
　…迅速に実験を行い新しくより優れた方法を学ぶ
② シグナル探知・対応力
　…変化のシグナルを素早く読み取る
③ 組織進化力
　…組織としての学習能力
④ 複数企業とのエコシステム構築能力
⑤ エコソーシャル適応能力
　…短期・長期にビジネスモデルを継続的に変化に適応させる

KEY WORD → ☑ ランチェスター戦略

## 08 弱者が生き残るための戦略とは？

現在でも中小企業の現場で活用されている「ランチェスター戦略」。
弱者が強者に挑み、勝つための経営戦略はどんなものでしょうか？

「軍事作戦を応用した経営戦略があると聞いたんですが？」というえい子さんの疑問に、センリくんは「日本では**ランチェスター戦略**がよく知られていますよ」と答えました。フレデリック・ランチェスターが見つけ出した戦闘時における法則のうち「攻撃力＝兵力数の2乗×武器性能」という近代兵器を使った広域戦の法則は、第二次世界大戦でアメリカ軍が軍事作戦に応用し、大きな戦果を上げました。

### ランチェスターの第1の法則と第2の法則

ランチェスターは戦闘時における力関係を示す2つの法則を見出しました。

武器性能が同じ場合は兵力が多いほうが勝つ…

近代戦においては兵力数が多いと圧倒的な差がつく

**第1の法則**
**攻撃力＝兵力数×武器性能**
狭い場所で刀や槍などで1対1で戦った場合の法則

**第2の法則**
**攻撃力＝兵力数の2乗×武器性能**
戦闘機や戦車など近代兵器を使って戦ったときの法則

1970年代に、経営コンサルタントの田岡信夫氏が、ランチェスター戦略を経営戦略としてまとめ、もうひとつの法則である「攻撃力＝兵力数×武器性能」を「弱者の戦略」として紹介しました。こちらは一騎打ち、局地戦になった場合の法則です。経営においては、事業分野を絞り込み、その分野に経営資源を集中投下することで、規模の大きな企業を相手にしても勝つことができるという考え方です。

## 「弱者」と「強者」の戦略

田岡氏は、主に中小企業などの弱者は「第1の法則」が適用できる状況でのみ勝ち目があり、そうした状況を作り出す必要があると主張しました。

※現在、上図の著作権は株式会社ランチェスタシステムズが所有し、その普及、運用はNPOランチェスター協会に委託されています。

KEY WORD → ☑ **タイムベース競争**

# 時間短縮が企業の競争力を高める

経営戦略にとって、「時間」はどんな意味を持つのでしょうか？
資金や人材のような経営資源として取り扱うべきでしょうか？

センリくんはBCGによって開発されたコンセプト「**タイムベース競争**」について、えい子さんに解説します。「1980年代、BCGは急成長する日本の自動車メーカーを研究し、トヨタ自動車がかんばん方式などで生産にかかる時間を大幅に短縮していることに着目しました。当時、日本企業は新車の開発から発売までを36カ月で行っていましたが、アメリカ企業は60カ月かかっていたのです」

## タイムベース競争戦略とは

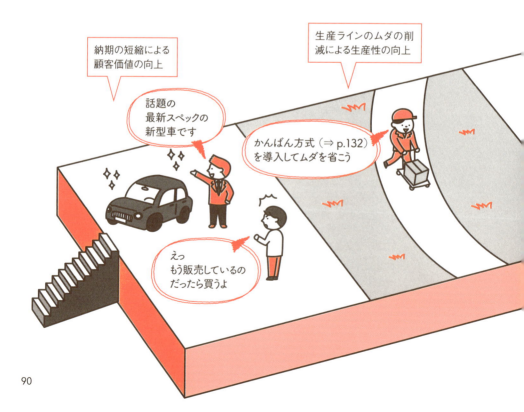

90

日本の自動車メーカーは生産リードタイムの短縮によって、コストを大幅に削減し、多様な品種の車を世に送り出していました。納期を縮めることで顧客の満足度も上がり、また需要期に近いタイミングで的確な生産ができるため、在庫リスクも軽減されます。BCG は「時間こそが顧客と企業の双方にとって最も貴重な資源である」という結論に達し、**時間短縮が競争優位を決める**戦略を明らかにしたのです。

当時、日本企業がアメリカ企業より生産時間を大幅に短縮できたのは企画・開発部門、製造部門、原料調達先、部品メーカーなどが早い段階から情報共有を行い同時並行で開発を行っていたからでした

04 成長のための戦略とは？

在庫も少ないから生産した分が利益に直結！

在庫リスクや欠品リスクの低減による売上・利益の向上

製品C担当 製品A担当 製品B担当 製品D担当

製品が増えた分一つひとつの判断までの時間がスピーディになったな

先が見えているからイレギュラーも少ないし予備も少なくて済む！

需要期に近いタイミングでの生産の判断が行えることによる在庫リスクの軽減

同じ時間でより多くの企画や開発に取り組めることで、多様な製品投入が可能となり市場対応力が向上

タイムベース競争戦略はメーカーの生産プロセスの改善だけでなく、経営判断などあらゆる場面に応用できます

KEY WORD → ☑ サブスクリプション

## 顧客のニーズから発想する ビジネスモデル

最近IT系のビジネスなどで話題になっているビジネスモデル「サブスクリプション」とは、どのような経営戦略なのでしょうか?

えい子さんは「サブスクリプション」というビジネスモデルについてセンリくんに尋ねました。「**サブスクリプション**とは、購読という意味で、雑誌の年間購読、予約購読の形態を指して使われることが多い言葉でした。近年はコンピューターのソフトウェアや動画・音楽などのデジタルコンテンツをユーザーが定期的に課金することで継続利用・視聴できるビジネスモデルとして、広まっています」

### サブスクリプションとは

サブスクリプションモデルでは、利用者はものを買い取るのではなく、ものの利用権を借りて期間に応じて支払を行います。

買うには高いけどこの値段で一定期間利用できるならお得かも

顧客は製品そのものを一括購入するのではなく、利用期間に対して支払を行う

製品単体での販売額は落ちるけど間口が広がって継続収入にもなるので安心だ

定期購入
製品・サービス

トヨタが車のサブスクリプションを始めたのも話題になりましたね

新聞や雑誌の定期購読などもサブスクリプションの一種です。これがIT化によって応用範囲が広がりさらに注目を集めるようになりました

センリくんはさらに続けます。「顧客のニーズを重視しているのが、この経営戦略の特徴です。サブスクリプション企業は、**消費者である顧客の関心が"所有"から"利用"に移行している**ことに気づき、最近ではデジタルコンテンツだけでなく、自動車や服、食事、コスメなども定額方式での"利用"が可能になっています。サブスクリプションは、モノが売れない時代の新しい経営戦略だと言えるでしょう」

## サブスクリプションを成功させる3つのポイント

サブスクリプションは、どのような製品やサービスにも適用できるわけではありません。このビジネスモデルを成功させるには、以下の3つのポイントを見極めることが重要です。

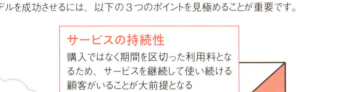

**サービスの持続性**
購入ではなく期間を区切った利用料となるため、サービスを継続して使い続ける顧客がいることが大前提となる

ビジネス利用に特化して販売からサブスクリプションに切り替えたほうが利用者が増えそうだ

**サービスの使用頻度**
顧客が「手許に置いておきたい」「何度も使いたい」と思う製品・サービスであることも大切

現状のサービスに使い放題の特典をつけてお得感を出せばいけるかも

**競合他社の存在**
競合他社が類似の製品・サービスでサブスクリプションモデルを実施していないかを調べ、よほどのアイデアや破格の提案がない限り競合は避ける

製品やサービスの特性に応じて年額や月額など、利用期間を個別に設定してお得感を出すという方法もあります

競合に勝つには価格かクオリティ面の差別化が必要だけど…

ものが売れない時代には顧客の視点に立ったサービスを創出することが大切なのね

04 成長のための戦略とは？

KEY WORD → ☑ ティール組織

# 11 急成長企業の共通点とは？

最近、世界で急成長する企業について書かれた『ティール組織』というビジネス書が特に日本で話題です。

センリくんがえい子さんに言います。「『**ティール組織**』の著者のフレデリック・ラルーは世界中の企業をリサーチしたところ、急成長している企業が、日本企業に多い従来のピラミッド型でない、独特の組織形態を持っていることに気づきました。そうした組織について研究したのが同書です。ちなみにティール（teal）とは青緑色を指す英語です」

## 5つの組織モデル

フレデリック・ラルーは、組織モデルの進化の過程を産業の発展と関連づけて5つに分類し、それぞれを色で示しました。

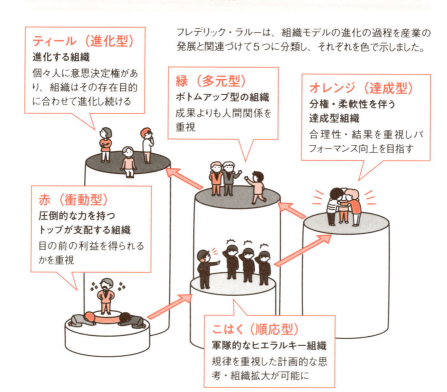

**ティール（進化型）**
進化する組織
個々人に意思決定権があり、組織はその存在目的に合わせて進化し続ける

**緑（多元型）**
ボトムアップ型の組織
成果よりも人間関係を重視

**オレンジ（達成型）**
分権・柔軟性を伴う達成型組織
合理性・結果を重視しパフォーマンス向上を目指す

**赤（衝動型）**
圧倒的な力を持つトップが支配する組織
目の前の利益を得られるかを重視

**こはく（順応型）**
軍隊的なヒエラルキー組織
規律を重視した計画的な思考・組織拡大が可能に

94

同書では、人類が変革してきた組織形態が色で表現されています。最古の圧倒的な支配による組織は赤。次に、規律を重んじた軍隊的組織はこはくといった具合です。現在、ほとんどの民間企業が採用している効率的・合理的に作られた組織はオレンジです。しかし、それもすでに限界を迎えていて、今後、企業はオレンジにはない3つの特徴を持った"ティール"を目指すべきである、というのが著者の主張です。

## ティール組織の3つの特徴

フレデリック・ラルーは、経営者や上司が社員の業務を管理・指示することがないティール組織には、従来のピラミッド型の組織にはない3つの特徴があるといいます。

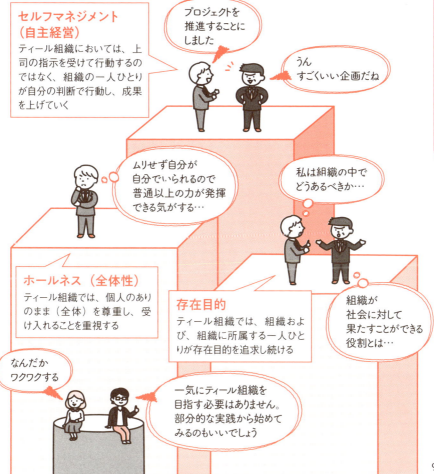

KEY WORD → ☑ ネット・プロモーター経営

# 顧客の推奨度を分析する手法

21世紀に入ってから多くの有名大企業で採用されるようになった経営手法に「ネット・プロモーター経営」があります。

センリくんがえい子さんに解説します。「ネット・プロモーター経営は、アメリカのコンサルティング会社ベイン・アンド・カンパニーが提唱するもので、顧客満足度に注目した経営手法です。企業は、顧客満足度を測るため、"あなたはそれ（商品・サービスなど）を友人や同僚にすすめたいと思いますか？"と顧客に質問します。この問いは、ビジネスにおける"究極の質問"とも言われているものです」

## ネット・プロモーター・スコア（NPS）の算出方法

①調査対象者に、ほかの人に推奨する可能性を0〜10の11段階から選択してもらう
②10と9を「推奨者」、8と7を「中立者」、6〜0を「批判者」と設定する
③推奨者の割合（％）から、批判者の割合（％）を引くと、NPSが算出される

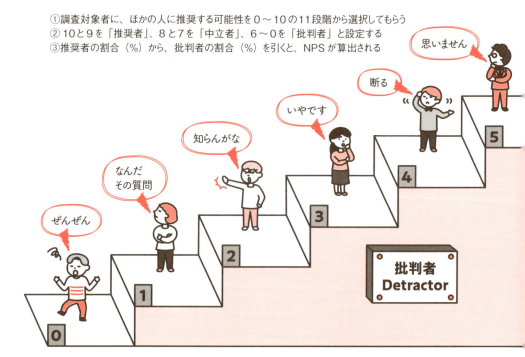

顧客は質問に、0〜10の11段階で回答します。10と9が推奨者、8と7が中立者、6〜0が批判者と分類され、推奨者から批判者を引いた割合を計算します。その数値がネット・プロモーター・スコア（NPS）です。単純な手法ですが、NPSは企業の成長率や収益性と相関関係があることがわかっており、多くの企業が重視しています。

KEY WORD → ☑ SECI モデル

# 13 日本発の経営理論「SECIモデル」とは？

これまでに、日本人が世界に対して提唱した「経営理論」というのはあるのでしょうか？　それはどんなものでしょうか？

「日本から発信され世界的に広まった経営理論に**SECIモデル**があります」と、センリくんがえい子さんに教えています。一橋大学名誉教授の野中郁次郎氏は、1980年代の日本企業の世界的な成功の要因について研究し、それを「暗黙知から形式知への」転換であるとしました。個人がノウハウとして持っている知識が企業内で共有され、新たな知が生み出されるプロセスを明らかにしたものです。

## SECI モデルとは

**言葉として表現しがたい「暗黙知」は、共同化、表出化、連結化、内面化という4段階のプロセスによって、言い表せる「形式知」に転換されます**。日本人はこのプロセスに長けていたので、企業が成功したのだと、SECIモデルは説明しています。ちなみに「SECI」は4段階の英語名称の頭文字を並べたものです。こうした知識に関する経営理論は、ナレッジマネジメントとも呼ばれ、世界の企業に採用されました。

04 成長のための戦略とは？

# column
No. 09

## Linkedinとソーシャルメディア・プラットフォーム戦略

　Facebook や Twitter などのソーシャルメディアを自社のマーケティングに活用しようという動きが近年顕著になってきています。経営学者のピスコロスキは、ソーシャルメディアを企業が活用する際には、まず出会いやコミュニケーションなど、顧客（ユーザー）のニーズを満たすことが必要だとしています。それによって企業は広告などのコスト削減や購買意欲の向上という成果を上げることができるのです。

　Linkedin はビジネスに特化した世界最大級のソーシャルネットワーキングサービスで、世界で5億人を超えるメンバーが情報を取得、交換しています。また、企業向けには、人材採用の支援、広告掲載、営業見込み客の創出、オンライン学習支援を行っており、それらを通じて、メンバーのビジネスやキャリアについてのニーズを満たすことに成功しています。Linkedin のビジネスモデルは 2016 年にマイクロソフト社が 262 億ドルで買収するほどの価値となりました。

## column                                No. 10

# マッキンゼーの「現代の経営戦略」とは？

　『マッキンゼー　現代の経営戦略』（大前研一編著）は、1979年に刊行されました。米国の大手コンサルタント会社、マッキンゼー・アンド・カンパニーのコンサルタントで、後に日本支社長などを務めた大前氏（当時35歳）と同社のコンサルタントチームが、クライアントの経営者向けに開催した特別セミナーの内容が収められており、2014年には新装版が刊行されました。セミナー口調の書き起こしでわかりやすく、今でも経営コンサルタントの教科書、バイブルといわれる名著です。

　同書は、経営戦略について、「製品・市場戦略」「製品ポートフォリオ戦略」「技術開発戦略」「収益性改善戦略」「販売戦略」「間接費削減戦略」の6つの戦略フレームワークを提唱しました。どの戦略も、現状把握と分析により、何が問題なのかを特定してから、重要度や優先順位に応じて構築し、戦略の実行後も、常に結果をフィードバックして新たな分析に活かすべきであるとしています。

# column

No. 11

## 『孫子の兵法』を ビジネスに活用する

　紀元前500年頃、中国春秋時代の将軍、孫武が書き記したとされるのが『孫子の兵法』です。戦争の勝敗は天運に左右されるという考え方がまだ強かった当時、孫武は戦争の記録を分析・研究してこの兵法書をまとめました。その内容はビジネスの世界にも通じるものがあり、今でも世界中で多くの経営者が愛読しています。

　同書では、戦争を始める前には「五事七計」によって、自国と他国の状況をしっかりと分析し、十分な勝機がなければ兵を挙げてはならないとされています。五事（道・天・地・将・法）、七計（主・将・天地・法令・兵衆・士卒・賞罰）は自軍と敵軍を比較して開戦を決断するためのフレームワークです。

　『孫子の兵法』は、負けない戦いをすること、なるべく戦わずに勝つこと、戦いは短期間で済ませることの3つが基本コンセプトになっています。これは国の人材や資源を守るためで、限られた経営資源で展開するビジネス戦略にも深く通じるところがあると言えるでしょう。

# chapter 05

# 勝負する事業は
# どうやって決めるの?
(事業戦略)

起業する際に一番大切なのは、
どの業界で、どんな事業を手掛けるかです。
センリくんは、競争優位を築くための
さまざまな事業戦略をレクチャーしてくれました。

KEY WORD → ☑ 3つの基本戦略

# 01 競争優位を築くための3つの基本戦略

ポーターは、他社に対する競争優位を築くためには「3つの基本戦略しかない」と述べています。

他社に対する競争優位を築くためには、どのような事業戦略を立てるべきか疑問に思ったえい子さんは、センリくんに尋ねました。この問いに対し、センリくんは「ポーターは**コストリーダーシップ**、**差別化**、**集中**の3つの基本戦略しかないと言っています」と答えました。コストリーダーシップ戦略は、どの競合他社よりも低コストを実現すること、差別化戦略は独自のユニークな製品・サービスによって差別化を図る戦略です。

## ポーターの3つの基本戦略とは

3つの基本戦略は、ポーターが提唱したファイブフォース分析と並ぶ代表的な戦略フレームワークです。

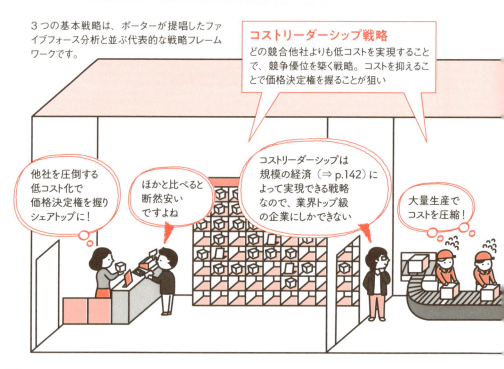

**コストリーダーシップ戦略**
どの競合他社よりも低コストを実現することで、競争優位を築く戦略。コストを抑えることで価格決定権を握ることが狙い

他社を圧倒する低コスト化で価格決定権を握りシェアトップに！

ほかと比べると断然安いですよね

コストリーダーシップは規模の経済（⇒ p.142）によって実現できる戦略なので、業界トップ級の企業にしかできない

大量生産でコストを圧縮！

3つめの集中戦略は、特定の製品のコストを集中的に削減する**コスト集中**と、特定の製品を徹底的に差別化する**差別化集中**の2種類があります。この3つの基本戦略のうち、複数の戦略を同時に行おうとすると、「**スタック・イン・ザ・ミドル**（中途半端なところで動けなくなり、どうにもならない状態）の企業」になるので、注意が必要です。自社の戦略をこの3つのどれかに絞ることが大切なのです。

KEY WORD → ☑ バリューチェーン分析

# 02 競合との比較から自社を分析する

センリくんは、マイケル・ポーターが提唱したフレームワーク「バリューチェーン分析」の説明を始めました。

えい子さんから競合との比較から自社を分析する方法を尋ねられたセンリくんは、**バリューチェーン分析**の説明を始めます。「この手法では、まず自社の事業活動を**主活動**と**支援活動**に分け、主活動を購買物流、製造、出荷物流、販売・マーケティング、サービス（修理やメンテナンス）などの機能に、支援活動を全般管理（財務、法務、経理など）、人事・労務管理、研究開発、調達などの機能に分けます」

## バリューチェーン分析とは

ポーターが提唱したバリューチェーン分析とは、企業の事業活動を主活動と支援活動に分けて強み・弱みを分析するフレームワークです。

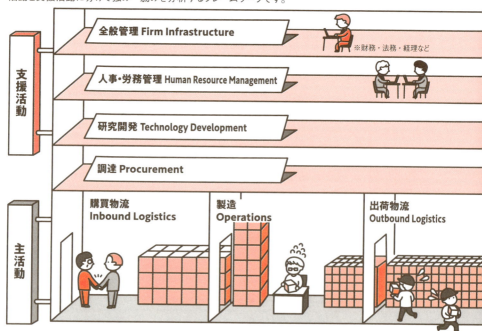

センリくんは続けます。「そうやって自社の事業活動と機能を書き出していくと、会社の事業活動がどのような機能によって行われているかが一目でわかります。この作業を自社だけでなく、競合他社の分も行い、両者を比べてみると、自社の強みと弱みが把握でき、戦略策定のポイントがつかめるのです。比べる際は、どうしても自社に甘くなりがちなので、客観的な視点で比較することを心がけましょう」

KEY WORD → ☑ ファイブフォース分析

## 03 業界の競争状態を分析する

どうすれば収益性が高くなるかは、経営でいかに独占的な立ち位置を取れるかだと、経営学者のマイケル・ポーターは言っています。

えい子さんはセンリくんにどうすれば事業で高い収益を上げることができるのかを尋ねました。センリくんは「儲かるかどうかはどの産業・業界に参入するかで決まるので、新規参入を決める際に、その業界の収益性や競合状況を分析することが大切です。私は、業界を分析する際にはポーターが考案した**ファイブフォース**（5つの力）**分析**を用いています」

### ファイブフォース分析とは

ファイブフォース分析は、新規事業への参入や既存事業の撤退などを判断するときに有効な業界の収益性分析のフレームワークです。

108

ファイブフォースでは、「**業界内の競合他社**」「**買い手の交渉力**」「**売り手の交渉力**」「**代替品の脅威**」「**新規参入の脅威**」という5つの要因が、業界の競争状態を決めるとしています。どの要因が業界に影響を及ぼしているかは、業界によって異なります。重要な要因を見つけ出すことでその業界の状況が理解でき、何を操作すれば競争を緩和できるのか、収益性を高くできるのか、を考えることができるのです。

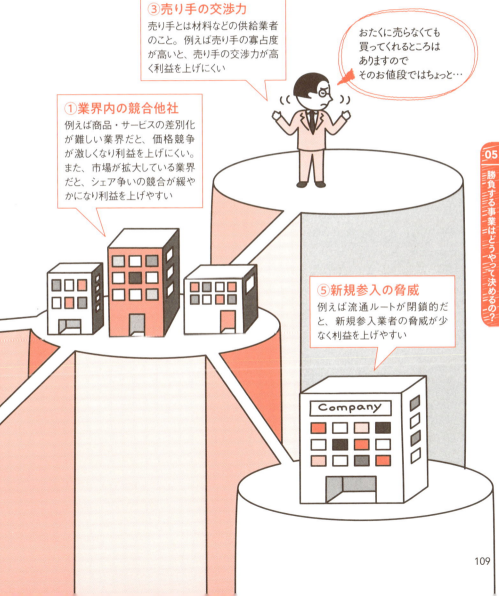

KEY WORD → ✓ 競争地位別戦略

# 04 事業戦略策定のための考え方

企業はたくさんある事業戦略の中から、どのようにしてひとつの事業戦略を策定しているのか、えい子さんは考えています。

えい子さんは、センリくんにどうやって事業戦略を策定しているのかを尋ねました。するとセンリくんは「ポーターの3つの基本戦略と並んで、コトラーが提唱した**競争地位別戦略**を用いることが多いですね」と答えました。これは、業界内での地位を**リーダー**、**チャレンジャー**、**フォロワー**、**ニッチャー**のどれかに分類し、競争を勝ち抜くためにそれぞれの地位に応じた戦略を選んでいく、という考え方です。

## 4つの競争地位別戦略

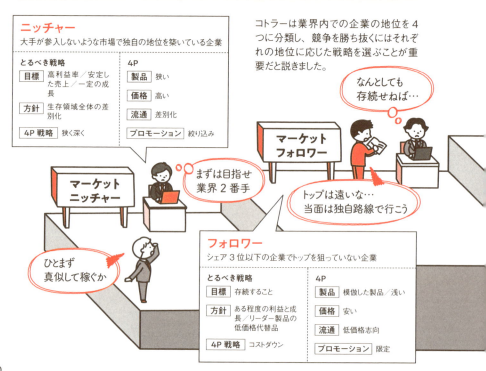

「ただし、このフレームワークは、シェアが明確でない場合には応用しづらい、IT業界やベンチャー業界ではこの4つに類型化することが難しい、そもそも近年は「業界」という概念自体が非常にあいまいになりつつあるなど、問題点も指摘されています。なお、自社を4つのどれかに分類する際は、ユーザーの視点も忘れずに考えることが重要です」

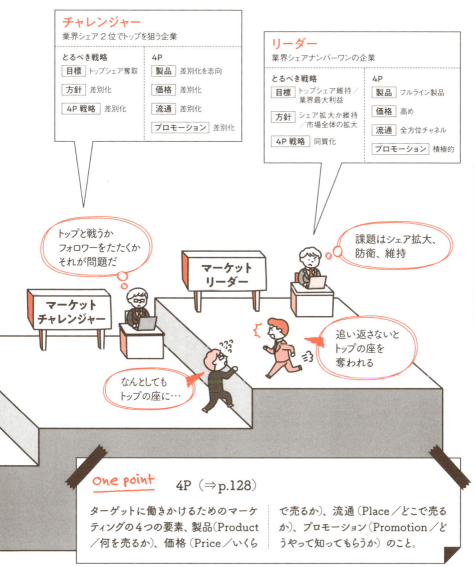

one point　4P（⇒p.128）

ターゲットに働きかけるためのマーケティングの4つの要素、製品（Product／何を売るか）、価格（Price／いくらで売るか）、流通（Place／どこで売るか）、プロモーション（Promotion／どうやって知ってもらうか）のこと。

KEY WORD → ☑ アドバンテージマトリックス

# 05 事業の収益性を分析する

どうすれば競争に勝ち抜く事業戦略を考えつくかは、経営を行う人にとって、究極の命題ともいえます。

センリくんは、「どの事業で勝負すれば競争優位性を築けるか」について考えることが多いそうです。えい子さんが、どのようにして考えているのかを尋ねると「**アドバンテージマトリックス**に当てはめて考える場合があります」と答えました。これは、BCGが提唱したフレームワークで、競争に勝ち抜く事業戦略を考えるために、その事業が儲かりやすいか、儲かりにくいかを分析する手法です。

## BCGのアドバンテージマトリックス

例
飲食
アパレル
etc.…

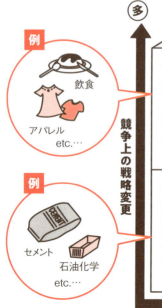

例
セメント
石油化学
etc.…

競争上の戦略変更 多 / 少

優位性構築の可能性 低

### 分散型事業
競争要因が多いが、優位性構築の可能性が低い事業。規模の効果が効きにくく、大企業不在の激戦業界。

収益性 / 規模

### 手詰まり型事業
競争要因が少なく優位性構築の可能性が低い事業。事業が衰退期にあり、差別化しにくく、今の時代では儲かりにくい。

収益性 / 規模

センリくんは続けます。「まず、競争要因が多いか少ないか、競争要因によって優位性を構築できる可能性が高いか低いかという2つの軸で、事業を**特化型**、**規模型**、**分散型**、**手詰まり型**の4つに分類します。一般的に収益を上げにくいのは分散型と手詰まり型です。自社の事業がその2つである場合は、特化型や規模型への転換を図るか、もしくは撤退を考える必要があります」

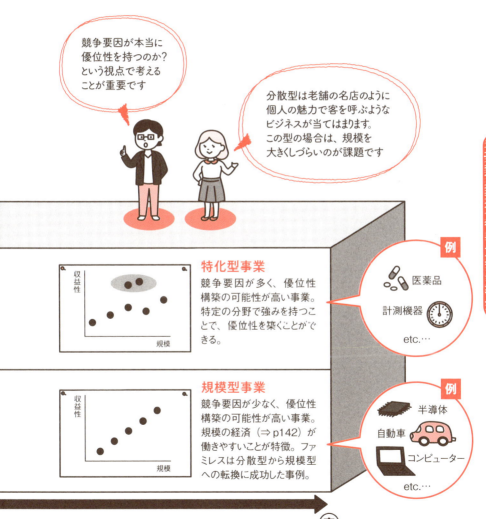

KEY WORD → ☑ シナリオプランニング

# 06 将来起こり得る事態を想定しておく

環境変化によって、将来起こり得るシナリオを複数考えて、いかなるシナリオが現実化しても対応できるようにすることが重要です。

センリくんは石油会社のロイヤル・ダッチ・シェル社の例を出し、起こり得る道筋を複数考えて対処する戦略である**シナリオプランニング**の説明を始めました。「同社は1970年代に、原油価格は安定する、価格高騰が起こるという2つのシナリオを想定して事前戦略を講じました。その後、オイルショックが起きて原油価格が高騰。同社はその危機をうまく乗り切り、世界2位のオイルメジャーになることができたのです」

## シナリオプランニングの4つのステップ

シナリオプランニングを行う際は、以下の4つのステップで、4つのシナリオを作成します。

①未来を左右する要因を考える
会社は利益を出すだけでなく、社会の中のさまざまな課題を解決していくための存在でもある

影響の大きい要因に絞って10〜20年先を見据えながらシナリオを作りましょう

急激なインフレが起きたらこの事業は危ないぞ

東アジアの政情も検討しておく必要があるな

Step①

センリくんの説明は続きます。「シナリオプランニングは、次に示す**4つの手順**で行っていきます。①未来を左右する要因をたくさん挙げる、②その中でも大きな要因を2つピックアップする、③その2つの要因でマトリックスを作り、4つのシナリオを書き出す、④4つのシナリオが起こったときにそれぞれどう対処するか、戦略を練る」。常に先を見据えて戦略を考える大切さをえい子さんは学びました。

KEY WORD → ☑ ブルー・オーシャン戦略

## 07 競合がいない市場を見つけ出したQBハウス

競合他社がひしめく市場をレッド・オーシャン、その逆の競争のない未知の市場をブルー・オーシャンと呼びます。

---

えい子さんは自分が事業をやるなら競合がいないジャンルがよいと考えています。そんな彼女に、センリくんは**ブルー・オーシャン戦略**をすすめました。この戦略は、競争のない未知の市場＝ブルー・オーシャンをつくり出し、低コストと差別化を同時に実現することで、利益を上げようという戦略です。ブルー・オーシャン戦略で成功した企業として、10分1200円の理容室、QBハウスが挙げられます。

### QBハウスのブルー・オーシャン戦略

ブルー・オーシャン戦略では、「増やす」「減らす」「付け加える」「取り除く」という方法で競争相手のいない未知の市場を見つけ出すことができます。

ニーズ
休日にゆっくりとリフレッシュしたい

たくさんの理髪店があるので同じ方法では新規参入は難しいなぁ…

DATA（従来の理髪店の例）
所要時間：約1時間
サービス：散髪、髭剃り、マッサージ、ブロー
料金：4000円前後
場所：自宅の近所

市場の分析には、**戦略キャンバス**が用いられます。グラフの横軸を業界各社が客をつかむために力を入れていること、縦軸を客が得られる価値の度合いにし、業界標準、ライバル会社、自社のグラフをそれぞれ作成すると、業界や自社が置かれている状況が把握できます（このグラフの曲線を価値曲線といいます）。他社と重複しない価値曲線をつくることで、ブルー・オーシャンを発見するヒントがつかめるはずです。

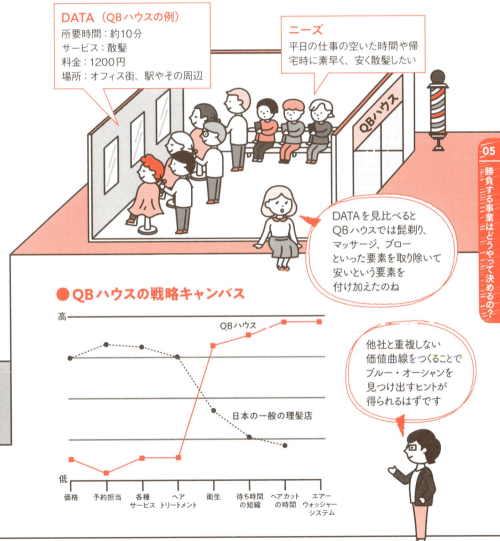

KEY WORD → ☑ コーペティション経営

## 08 日高屋も採用したコバンザメ戦略とは？

平和主義のえい子さんは、自分が近い将来、起業したときに他の競合と協調することができないか考えています。

えい子さんは競合同士の関係について質問しました。するとセンリくんは「**コーペティション経営**というのですが、競合同士がある部分において協調する場合もあるのです。ビジネスの世界のプレーヤーは、**補完的生産者**と**競争相手**に分けられます。補完的生産者はその会社の製品を顧客が持っていると、自社の製品の価値も高まるというプレーヤー。例えば、テレビにとってのビデオレコーダーです」と答えました。

### 競争相手は完全な敵ではない

イェール大学教授のバリー・ネイルバフと元ハーバード・ビジネス・スクール教授のアダム・ブランデンバーガーは「競争相手は完全な敵ではなく、同時に補完的生産者でもある」と主張しました。

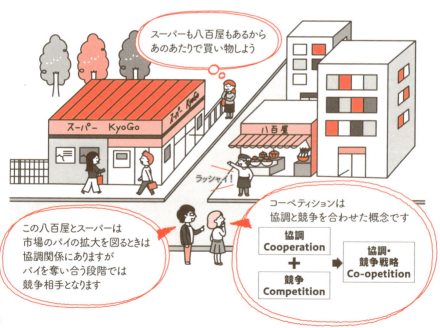

センリくんの説明は続きます。「競争相手はその会社の製品を顧客が持っていると、逆に自社の製品の価値が下がるプレーヤーです。コーペティション戦略では、競争相手は完全な敵ではなく、補完的生産者でもあるとみなします。例えば中華チェーンの日高屋は、強力な競合ともいえるマクドナルドや吉野家などの店舗の近くにあえて出店することで、店舗網を拡大していきました。

## 日高屋のコーペティション経営

日高屋がとったコーペティション経営には、以下のようなメリットや工夫がありました。

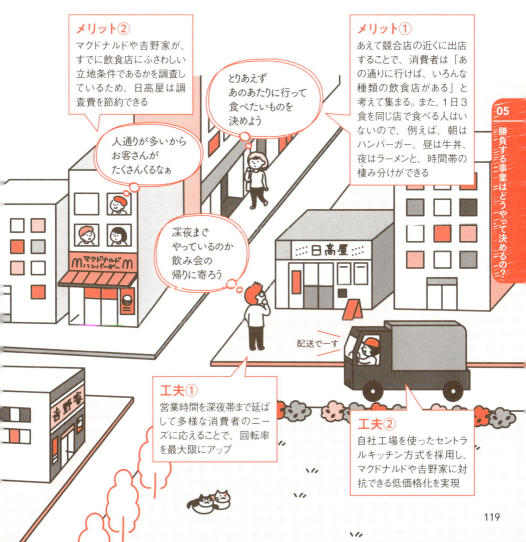

KEY WORD → ☑ デコンストラクション

## バリューチェーンを再構築する

バリューチェーンを分解して再構築することで、新たなビジネスモデルを生み出す手法があります。

センリくんは**デコンストラクション**を教えます。「バリューチェーン分析では、その付加価値の連鎖を機能ごとに分け、どの機能が付加価値を生んでいるかを分析しましたが、デコンストラクションを行うときもどの機能がコストの割に付加価値が高いかを調べた上で、再構築を検討します。再構築の型には**レイヤーマスター**、**オーケストレーター**、**マーケットメーカー**、**パーソナルエージェント**があります」

### デコンストラクションの4つのパターン

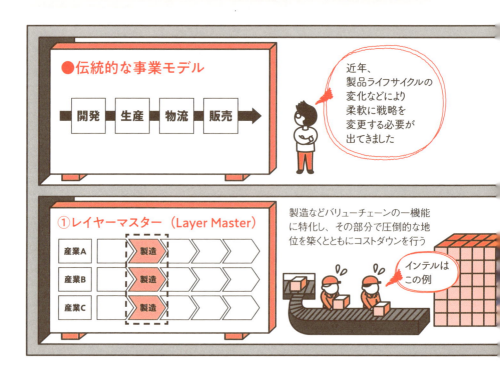

バリューチェーンの一機能に特化することでその部分で圧倒的な地位を築いているレイヤーマスター、バラバラになったバリューチェーンを束ねて消費者に価値を提供するオーケストレーター、既存のバリューチェーンに入り新しい市場をつくるマーケットメーカー、消費者の側に立ち、購買代理を行うパーソナルエージェント。この４つから選び、時代に応じて柔軟に再構築していくことが重要です。

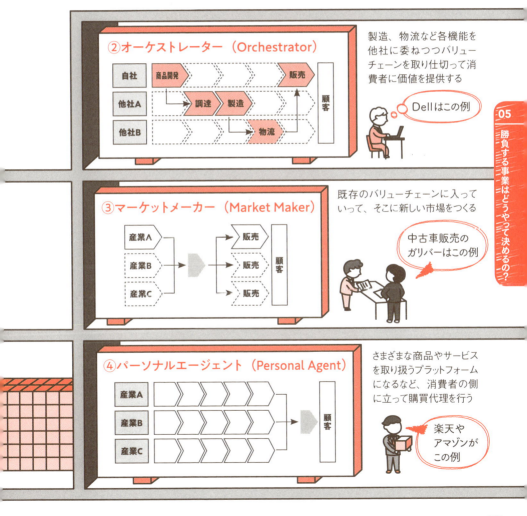

# column

No. 12

# コスト削減戦略「BPR」とは？

　1990年代に入ると、ITを利用したリエンジニアリングが叫ばれるようになってきました。そんな中、経営コンサルタントのマイケル・ハマーが提唱したのが、これまでの業務プロセスや管理方法を抜本的に見直し、仕事の進め方をドラスティックに変更する戦略、BPR（ビジネス・プロセス・リエンジニアリング）です。

　具体的には、調達、生産、販売、会計などさまざまなシステムをひとつに統合した「ERP = Enterprise Resources Planning」（統合業務パッケージ）を導入し、それに合わせて業務プロセスの変更などが行われました。BPRを進める上で大切なのが、自社のこれまでの業務プロセスを正しく認識し、問題点を把握することや、組織構造を階層型からフラット型に変更する、人事制度や会社の経営理念を再確認するなど、多面的な角度から変革を行うことです。

　また、ITはツールに過ぎないので、自社独自の方法によるリエンジニアリングを検討することも大切です。

*column*

No. 13

# 製品の寿命を分析する 製品ライフサイクル

　製品ライフサイクルとは、すべての製品や市場には誕生から衰退に至るサイクルがある、という考え方です。

　自社製品のサイクルを把握し、どの時期にあるかを知ることで、戦略立案の参考にすることができます。

　サイクルは「導入期」「成長期」「成熟期」「衰退期」の4つの時期をたどります。製品がどの時期にあるかによって、とるべきマーケティング戦略は変わります。例えば、導入期は売上や利益が低く、プロモーションを行わなければならないので、赤字になる可能性があります。また、成長期は市場規模が拡大していますが、その分、競合他社も増えるので、多くのシェア獲得を目指すことが重要になります。次の成熟期は競争が激しくなってくるので、シェアを維持するイメージ戦略が重要です。最後の衰退期になると、広告や販促活動はもはや意味を成しませんが、残存利益が手に入ることがあります。

　自社が扱う製品がどの時期にあるのかをしっかり把握して、戦略を誤らないようにしましょう。

## column                                             No. 14

# イノベーター理論とキャズムとは？

　社会学者のエヴェレット・ロジャーズ教授が提唱したイノベーター理論は、新製品や技術がどのような流れで世の中に普及していくかを示した理論です。教授曰く、最新のハイテク製品は、「イノベーター」「アーリー・アダプター」「アーリー・マジョリティー」「レイト・マジョリティー」「ラガード」の順に広まっていきます。

　しかし、ハイテク製品を最多数派であるアーリー・マジョリティーにまで普及させるのは至難の業です。

　マーケティングコンサルタントのジェフリー・ムーアは、ハイテク製品の場合、アーリー・アダプターとアーリー・マジョリティーの間には深く大きな溝（キャズム）が広がっており、その溝（普及率16％）を飛び越えるのは容易ではないといっています。

　キャズムを越えるにはアーリー・マジョリティーの全員ではなく、一部の人にだけ最適な製品を訴求するなど、マーケティング戦略も変える必要があります。

# chapter 06

# 個別の戦略策定はどうやって行うの?
(機能別戦略①)

大企業で行われているマーケティングや
生産戦略を知りたいと考えたえい子さんは、
センリくんに経営コンサルタントの
こと美さんを紹介してもらいました。

KEY WORD → ☑ マーケティング戦略① STP

# 01 マーケティング戦略の第一歩

顧客満足の視点から、最適な企業活動を考えるのがマーケティング戦略です。

えい子さんは、まず、こと美さんからSTPについて教わっています。「**STP**は**セグメンテーション、ターゲティング、ポジショニング**が一体となったプロセスであることから、それぞれの頭文字を取ってこう呼ばれます。まず、セグメンテーションで同じニーズを持つ顧客同士をセグメントで分けます。重要なのは分けることで戦略が変わるかどうかです。もし同じ戦略で対応できるのなら分ける意味がありません」

## STPのステップ

**リサーチ（Research）**
市場・顧客情報の収集・分析……自社の内部環境と外部環境、強みと弱みを把握し、自社の立ち位置を明確化

PEST分析（⇒ p.60）
ファイブフォース分析（⇒ p.108）
3C分析（⇒ p.64）
SWOT分析（⇒ p.62）
などで自社の立ち位置を
チェックしよう

マーケティング戦略で最も大切なのはターゲットを絞ることです。なかでもSTPマーケティングは基本中の基本です。

**セグメンテーション（Segmentation）**
市場構造の把握……市場・顧客などを年齢、性別ほかさまざまな切り口で細分化

基本のターゲットはビジネスパーソンの男性として…

こと美さんは続けます。「次に、ターゲティングでセグメントした顧客グループのうち、どのグループを自社の顧客ターゲットにするかを決めます。ターゲットを絞ることで、経営資源を集中投下できるのです。そして、ポジショニングで、そのターゲットに自社の製品が独自の価値があると認識してもらえるよう、他社製品と差別化できる位置づけ、すなわちポジションを見つけ出すのです」

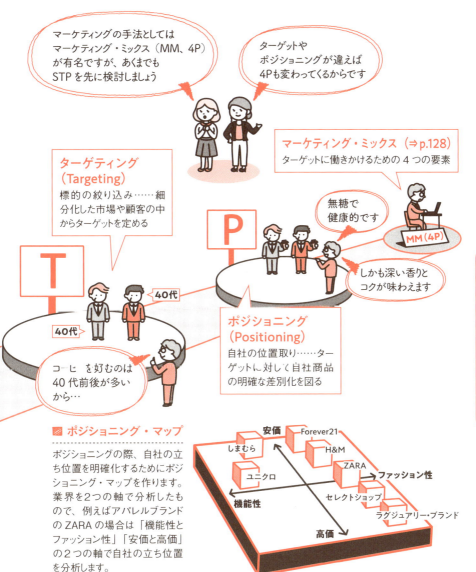

KEY WORD → ☑ マーケティング戦略② 4P

# 02 ターゲットに働きかけるための4つの要素

マーケティング戦略でよく知られる4Pは重要なフレームワークで、製品サービスを分類する際にも有効です。

続いて、こと美さんによる**マーケティング・ミックス**（MM）の解説です。「MMは、マーケティング研究者のジェローム・マッカーシーが提唱した、ターゲットに働きかけるためのマーケティングの4要素（**4P**）です。4要素とは、**製品**（何を売るか）、**価格**（いくらで売るか）、**流通**（どこで売るか）、**プロモーション**（どうやって自社製品・サービスを知ってもらうか）で、これらをいかにうまく組み合わせられるかが重要なのです」

## 4P（MM）とは？

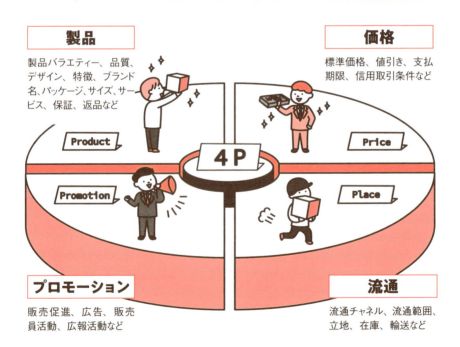

**製品**
製品バラエティー、品質、デザイン、特徴、ブランド名、パッケージ、サイズ、サービス、保証、返品など

**価格**
標準価格、値引き、支払期限、信用取引条件など

**プロモーション**
販売促進、広告、販売員活動、広報活動など

**流通**
流通チャネル、流通範囲、立地、在庫、輸送など

例えば妊娠検査薬の場合、ターゲットは子どもが「欲しい人」と「欲しくない人」に分けられます。前者の場合は明るいパッケージにして薬局の目立つところに置く、後者の場合は地味なパッケージにして薬局の目立たないところに置くなど、同じ商品であったとしても、どちらをターゲットにするかによって4Pも変わってくるのです。だからこそ、先にSTPを検討しておいたほうがよいのです。

## ターゲットが変われば4Pも変わる

4Pの前にSTPを行うのは、ターゲットやポジショニングが異なれば、4Pも変わってくるからです。

### ●妊娠検査薬の4Pの例

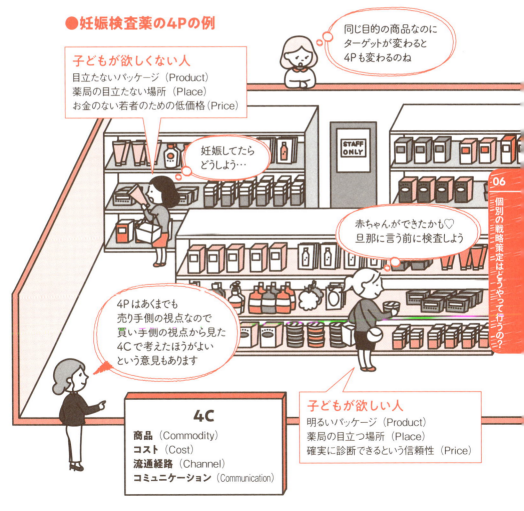

KEY WORD → ☑ マーケティング戦略③ デザイン思考

# 03 アップルも取り入れた プロダクト発想法

アップル、P&G、GE、サムスンなどの企業が導入し、世界的に注目されたプロダクト発想法とは？

こと美さんは、IT時代のプロダクト発想法について教えてくれました。「**デザイン思考**は、従来の「他社の過去実績」などに基づく仮説検証ではなく、今目の前にいる**ターゲットの観察から製品やサービスを生み出していく方法**です。この方法が生まれた背景には、従来の顧客の声を聞くマーケティング調査では、画期的な新しいものは生み出せないという考えがあります」

## ニーズを「生み出す」発想法

これまでのように「ニーズを把握する」だけではなく、「ニーズを生み出す」ための手法として注目されているのがデザイン思考です。有名なiPodも、このデザイン思考のステップから生み出されました。

### Step① 共感
テーマ設定ののち、個人の行動観察、インタビューなどを行う

### Step② 問題定義
Step①の結果を掘り下げ、問題そのものの設定（課題定義）を行う

例えばアップルのiPodは、社内外の開発者、デザイナー、心理学者、人間工学の専門家など、35名もの多様なスタッフがチームになって生み出されました。チームはまず、ユーザーがどのように音楽を聴いているのかを徹底的に観察することで、どこでもすぐに選んだ音楽を聴きたいというユーザーの潜在的ニーズを発見し、すべての曲をポケットに入れ、持ち運ぶという新しいコンセプトを創造したのです。

KEY WORD → ☑ **生産戦略①** かんばん方式

## 04 世界が採用した トヨタのKANBAN

日本の自動車会社トヨタから生まれ、世界中のメーカーで使われている優れた生産方式があります。

こと美さんは、えい子さんにかんばん方式の説明を始めます。「**かんばん方式**は、のちにトヨタの副社長となる大野耐一氏が編み出した方式で、在庫スペースのムダをなくすため、組み立てるときに必要な分だけ部品があるようにしたものです。この方式が生まれるまでは、生産工程を細分化し、作業を分担して、ベルトコンベアーに載せ、流れ作業で作り、少品種を大量生産する**大量生産方式**が主流でした」

### 従来の製造業とトヨタのかんばん方式

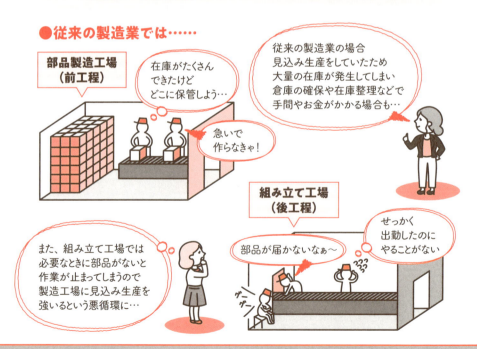

132

「しかし、トヨタは、後工程が必要になった部品を、必要なときに前工程に取りに行き、前工程は、後工程が引き取る部品だけを生産し、補充することで、余計な在庫が発生することなく、倉庫の確保や在庫管理などをしなくても済む方式を生み出しました。前工程と後工程が、部品名や品番などが書かれた帳票（かんばん）を使って意思疎通を図ることから、かんばん方式という名前が付けられたそうです」

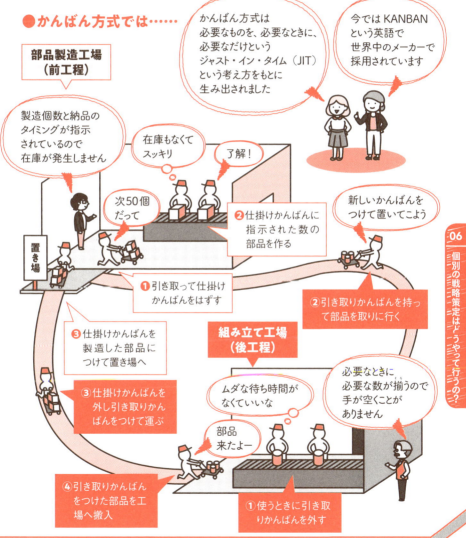

KEY WORD → ☑ 生産戦略② BTO

# 受注生産の低コスト化を実現

高い料金がかかるイメージの受注生産ですが、一部の製品はITや生産技術を駆使することで低コストを実現しています。

こと美さんは、自分がコンサルする会社でも行っているBTOについて話し始めます。「**BTO**はパソコンなどのメーカーで採用されている受注生産の一種で、ITや生産技術を駆使することで、低コストで製品を提供できるのが特徴です。パソコンメーカーのDellが一般顧客向けに通信販売でカスタマイズを行える形で直販を行うようになり、このことで一般顧客を中心に広く受け入れられるようになりました」

## DellのBTO

DellはITや生産技術を駆使することで、低コストで製品を提供するBTOを実現しました。

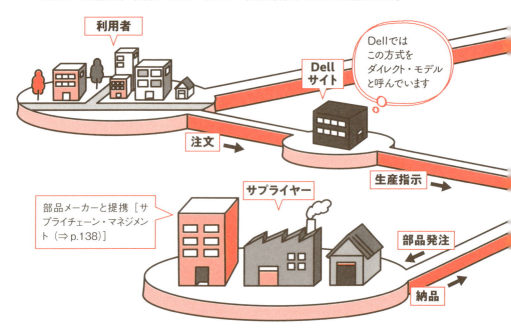

BTOで低価格が実現できたのは、顧客に直販することで中間マージンを削減し、**かんばん方式**（⇒ p.132）や**セル生産方式**（⇒ p.136）、**サプライチェーン・マネジメント**（⇒ p.138）などを導入して、製造コストを削減したためです。しかし、パソコンが陳腐化し、廉価版が出てきたことで、次第にBTOのメリットはなくなってきました。現在は、自動車メーカーなどもBTOを導入しています。

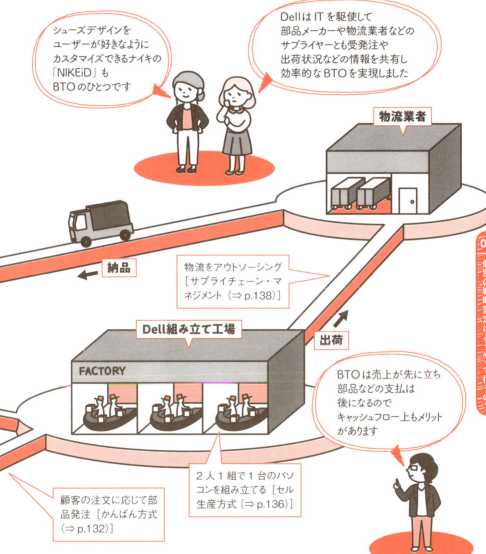

KEY WORD → ☑ 生産戦略③　セル生産方式

## 06 キヤノンが生産性アップを実現した手法

キヤノンの成功事例で知られるセル生産方式は、1990年代に盛んにメーカー各社が採用しました。

「キヤノンが導入しているセル生産方式を知っていますか？」。こと美さんの質問にえい子さんは「知りません」と答えました。「**セル生産方式**とは、1人もしくは少人数の作業員が、部品の取り付けから組み立て、検査まで複数の工程を担当する**方法**です。キヤノンはこの生産方式を導入した結果、商品の在庫期間を約3日から5～6時間に短縮でき、工場の運転資金を約3分の1に削減できたといいます」

### セル生産方式のメリット

セル生産方式は、主にU字型の作業台で作業をすることから、この名がつきました。小さな製品ばかりでなく、自動車や大型の洗車機などの製造現場でも採用されている方式です。

メリット❶
少人数で行うため仕掛品（製作途中の製品）が発生しにくい。そのため待ち時間の発生も少なく効率がよい

メリット❷
ベルトコンベアーによる生産方式（ライン生産方式）と比べて場所を取らず、設備投資も少額ですむ

こと美さんは続けます。「セル生産方式は大量生産には向きませんが、多品種少量生産や生産量の変化に対応しやすいのが特徴です。また、1人で複数の工程をこなすので、部品だけを作っているときと比べてモノを作っているという充足感が生じるため、従業員のモチベーションが高まりやすいというメリットもあります。ただ、作業員の技量によって生産速度や質は大きく変わるので、注意が必要です」

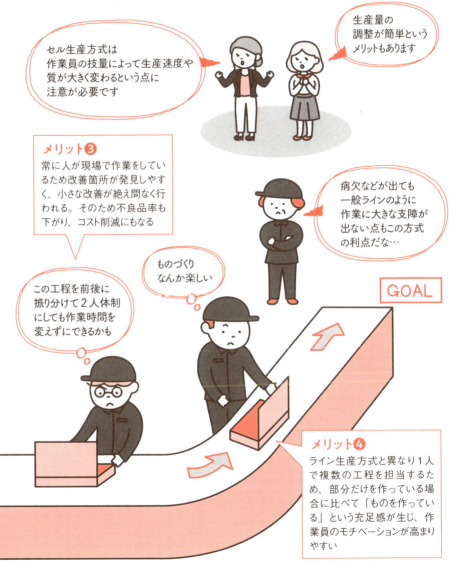

KEY WORD ▶ ☑ 生産戦略④　サプライチェーン・マネジメント

## 07 企業間で情報共有し生産効率を高める

こと美さんの話では、企業間の業務プロセスを効率化することによって、ムダをなくし、生産性を上げる管理手法があるようです。

「開発から製造、販売に至るまで、消費者に商品やサービスを届けるまでの一連のプロセスをサプライチェーンといい、サプライチェーンの全体最適を図る経営管理手法を**サプライチェーン・マネジメント（SCM）**といいます。類似の概念であるバリューチェーンが、企業内での価値の連鎖であるのに対し、サプライチェーンは複数の企業にわたるものだとされています」と、こと美さんは言いました。

### 従来のサプライチェーンとSCM

●従来のサプライチェーン

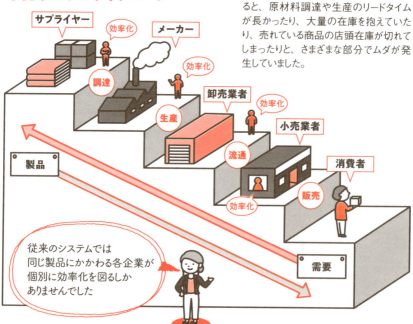

従来のサプライチェーンを全体的に眺めると、原材料調達や生産のリードタイムが長かったり、大量の在庫を抱えていたり、売れている商品の店頭在庫が切れてしまったりと、さまざまな部分でムダが発生していました。

従来のシステムでは同じ製品にかかわる各企業が個別に効率化を図るしかありませんでした

例えばメーカーであれば、原料は原材料メーカーから調達し、販売は小売店が行い、配送は運送業者が行っていますが、サプライチェーン・マネジメントでは、こうした協力会社をセットで考えて、全体最適を図ります。サプライチェーンのムダを取り除くには**情報の共有化**が必須ですが、取引先とすべての情報を共有することは難しく、どこまで開示するかのバランスが難しい問題です。

## ●サプライチェーン・マネジメント（SCM）

SCMでは、各社で情報を共有して連携を深められるよう、情報システムを活用しプロセスのムダをなくすことで生産性が上がり、顧客の要望に合った製品を迅速に提供できるようになります。

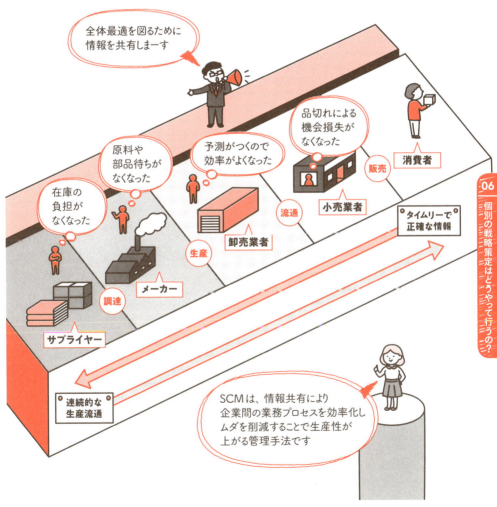

KEY WORD → ☑ 生産戦略⑤　TOC

## 08 ボトルネックを基準に最適化を行う

TOC（制約理論）は、提唱者自身が書いたビジネス小説のヒットがきっかけで一躍有名になった生産管理のための理論です。

こと美さんはサプライチェーンの流れをよくし、生産性を高めるTOC（制約理論）の話を始めました。「**TOC**は、エリヤフ・ゴールドラット博士が提唱した理論で、スループット（＝実際の売上－原材料や輸送費などの変動費）を増大させる、運転資本（＝流動資産－流動負債）を低減させる、経費（人件費などを含む）を低減させる、という条件を満たせば、キャッシュフローが生まれるという考え方です」

### 生産性はボトルネックで決まる

TOC（制約理論）とは、サプライチェーン全体の強さ（能力）は、一番弱い輪（プロセス）に依存しているという考え方で、チェーンに例えるとわかりやすくなります。

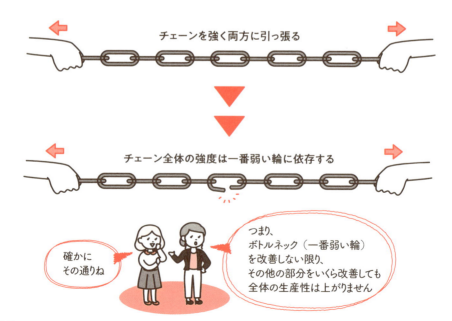

チェーンを強く両方に引っ張る

▼

チェーン全体の強度は一番弱い輪に依存する

確かにその通りね

つまり、ボトルネック（一番弱い輪）を改善しない限り、その他の部分をいくら改善しても全体の生産性は上がりません

こと美さんの説明は続きます。「そのうち、スループットを増やすためには、サプライチェーンのスムーズな流れを止めている**ボトルネック**の部分（制約条件）に注目し、それを改善していくことが必要になってきます。具体的な改善策としては、ボトルネックの生産能力に合わせて、全体の生産ペースを調整することです。そうすることで、後工程の待ち時間が減少し、生産効率を上げることができます」

## ボトルネック改善の5つのステップ

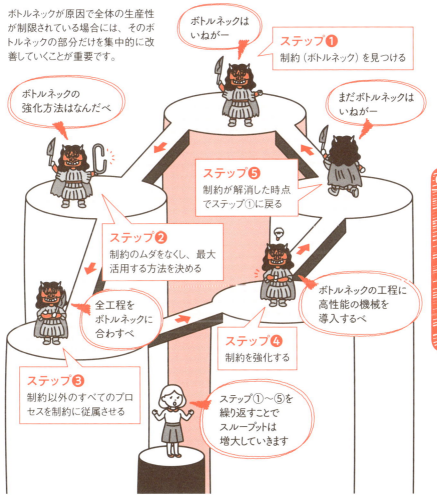

KEY WORD → ☑ 生産戦略⑥　規模の経済

# 09 生産量を増やすほど製品コストは下がる

生産量を増やすほど生産コストが下がるという規模の経済は、「規模の効果」や「スケールメリット」とも呼ばれます。

「生産量を増やすほど生産コストが下がるって本当ですか？」とえい子さんが尋ねると、こと美さんは頷きました。「製品の生産量を増やすことで、製品1単位あたりのコストが減ります。これを、**規模の経済**といいます。なぜコストが下がるかというと、生産コストのうち、原材料のような変動費は、生産量に比例して増えますが、人件費や地代家賃などの固定費は、生産量に関係なく一定だからです」

## 規模の経済とは

生産量の増大にともない、製品1単位あたりの原材料や労働力などに必要とされる費用が減少する結果、収益率は向上します。

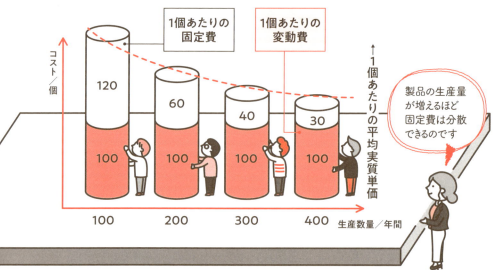

142

つまり、**生産量が増えるほど、1商品あたりの原価に占める固定費の割合が少なくなり、コストは下がる**のです。また、多く買うから安くしてほしいと交渉すれば、実際には原材料費（変動費）も下がります。さらに大量生産にすれば、生産効率を高めるための設備や技術に投資しても元が取れるので、積極的に投資を行うことでさらにコストは下がっていくのです。

## 工場の生産量で比較した規模の経済の例

人件費や地代家賃などの固定費は生産量に関係なく一定であるため、生産量が増えれば増えるほど、1商品あたりの原価に占める固定費の割合は少なくなります。

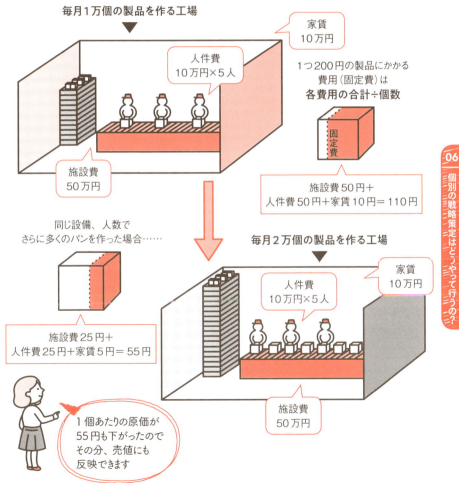

KEY WORD ▶ ☑ 生産戦略⑦　範囲の経済

## 10 範囲を広げて製品コストを抑える

「規模の経済」と名前が似ている「範囲の経済」。よく混同されがちな言葉ですが、どのような意味があるのでしょうか。

えい子さんが範囲の経済のことを尋ねると、こと美さんは答えました。「**範囲の経済**とは、共通の生産設備などにおいて、複数の製品・サービスを生産・販売することで、ひとつの製品・サービスを個別に生産・販売するよりも、製品1単位あたりのコストを減らすとともに収益を拡大させることです。ですが、商品数が増えることでかえってコストが増加してしまうリスクもあるので注意が必要です」

### 範囲の経済とは

例えばAとBという別個の事業があった場合、共通の生産設備や技術、人材などを共有すれば、コストを減らした分、利益を拡大することができます。

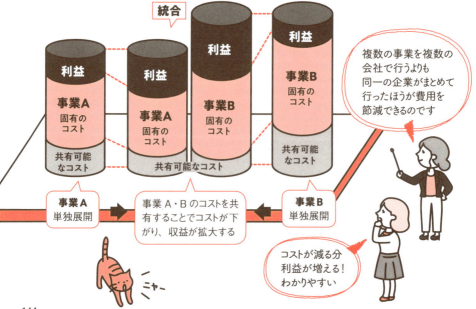

例えばキユーピーは、マヨネーズを生産するときに大量に発生するため廃棄していた卵殻に着目。栄養機能食品やチョークの原料にそれを再利用することで、廃棄コストと原材料コストの双方を削減しながら、新たな製品を開発しました。しかし、複数の製品やサービスを取り扱えば、必ず範囲の経済が期待できるわけではありません。食品販売店で関係のないスポーツ用品を売り始めても売上増は期待できないでしょう。

## 「範囲の経済」で成功した企業

「範囲の経済」はさまざまな事業に応用可能です。ただし、商品数が増えることでかえってコストが増加してしまうリスクもあるので注意が必要です。

### ●キユーピーの例

### ●その他の「範囲の経済」の例

**廃棄物の再利用**
カルピスの製造過程で見つかったカルピス菌を使った健康食品の製造

**倉庫や棚などのスペースの利用**
巨大な倉庫を利用して本の通販サービスからあらゆる製品を取り扱うサービスへ

KEY WORD → ✓ 生産戦略⑧　OEM

## 11　リスクを抑えて生産率を上げるDHCの戦略

多くの女性たちが使用しているDHCの化粧品には、考え抜かれた生産戦略がありました。

えい子さんがDHCの化粧品を使っていると、こと美さんが「その化粧品、OEMによって作られたって知っていますか？」と、問いかけてきました。「**OEM**とは、リスクを最小限に抑えて製品を生産したいときや、自社にブランド力や企画力はあるが、生産技術がないときに使われる方法で、生産を担当するメーカーをOEMメーカーといいます。元々翻訳業をしていたDHCは、この方法で化粧品ビジネスに参入しました」

### OEMの流れ

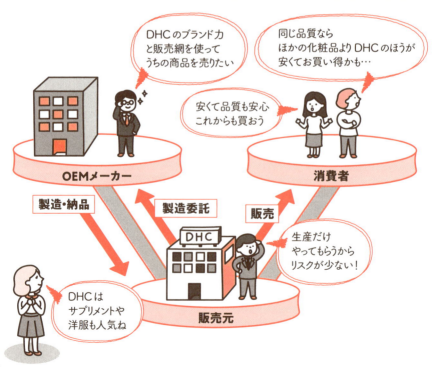

販売元がOEMを行うメリットは、自社の工場設備を持つことなく、安価で生産できることです。一方、OEMメーカーにとっては販売元のブランドを利用することで、商品が売れるなどのメリットがあります。しかし、OEMメーカーがノウハウを蓄積し競合となってしまう、委託元がより良い条件を求めて他のOEMメーカーに委託してしまうなど、**OEMにはそれぞれメリットとデメリットがあります。**

## OEMのメリットとデメリット

コンビニやスーパーで売られているPB（プライベート・ブランド）商品もOEMの典型例です。そんな消費者にとってありがたいPB商品も、企業にとってはメリットとデメリットがあります。

# column

No. 15

# アマゾンの
# クラウド戦略

　「クラウド（雲）」とは、データを自分のパソコンなどではなく、インターネット上に保存するサービスのことです。これによって、パソコンやスマホでどこからでもデータを閲覧、編集、アップロードすることができ、他の人とデータの共有などもできるようになりました。つまり、パソコンの中にデータを保存する必要がなくなってしまったのです。

　クラウド・サービスのメリットは、サーバーやソフトウェアを自社で購入する必要がなく、利用するときのみ必要な分だけレンタルできることです。

　現在、さまざまな会社がクラウド・サービスを行っています。例えば、アマゾンは「アマゾン ウェブ サービス」と呼ばれるクラウド・サービスを行っています。2006 年にアマゾンが開始した企業向けウェブ・サービスで、需要に応じた計算能力を設定変更のみで速やかに提供できるのが強みです。世界シェア 33％で、2 位を圧倒的に突き放して世界 No.1 シェアを誇ります。

## column No. 16

# 破壊的技術とイノベーションのジレンマ

　クレイトン・クリステンセン教授は、技術には「持続的技術」と「破壊的技術」の2種類があるといっています。前者はより高性能を求める顧客を満足させるために、既存製品の性能を高めていった技術。また、後者は持続的技術よりも性能が低いものの、低価格、小型、シンプルなどの特徴を持った技術のことです。

　破壊的技術は本来、ローエンド市場で評価されるものですが、性能を向上させていくと、低価格にもかかわらず主要市場で通用するだけの性能を持つようになります。その結果、主要市場の持続的技術を駆逐してしまいます。これが「破壊的イノベーション」です。

　コダックは、高収益を収めていた銀塩フィルムに固執してしまったことで、画質は劣るもののフィルムよりもコストが安いデジタルカメラ市場への参入が遅れてしまいました。そのことがきっかけで破綻したといわれています。コダックが陥ってしまった状況は、「イノベーションのジレンマ」と呼ばれています。

# column

No. 17

## 市場支配を実現する経験効果

「経験効果」とは、1960年代にボストン・コンサルティング・グループ（BCG）が製品のコストを調べて、累積生産量と単位あたりのコストの間に一定の相関があることを発見したもので、一般的に累積生産量が2倍になるとコストが20〜30％減るといわれています。

コストが下がるのは、新技術の採用、学習、専門家、規模などいくつもの要因があるとされています。この経験効果を前提に置くと、自社ならびに競合の価格戦略がわかります。

例えば、新製品を出すとき、いずれコストが下がることを見込めば、はじめから価格を下げてシェアを確保したほうが、長い目で見て利益を稼げるのです。

大きなシェアを奪うことは大量生産を意味します。すると、トップ企業の経験は蓄積されていき、生産コストはさらに低下し、それ以外の企業とのコスト差は大きく開いていきます。言い換えれば、経験効果で一度差がつくと、逆転は困難となるのです。

# chapter 07

# 企業の可能性と価値を高める戦略とは?
### (機能別戦略②)

こと美さんの講義は続きます。
今度は、IT時代になって劇的に
進化している技術戦略と、企業の成長には
欠かせない組織戦略、財務戦略の話です。

KEY WORD → ☑ 技術戦略① ビッグデータ、IoT

# 01 ビッグデータを経営戦略に活かす

近年、インターネットなどの情報技術の中で注目されている、ビッグデータを活用した経営戦略とはどのようなものでしょうか？

こと美さんがえい子さんにビッグデータの活用について説明を始めます。「ICTの進化により、従来よりも大容量で、高頻度に更新され、多様な種類となったデータを**ビッグデータ**と呼んでいます。タブレット端末やスマートフォンだけでなく、自動車、電力メーターなどにも通信機能が搭載され、自動制御や情報収集を行うことが可能になっています。こうしたモノのインターネットを**IoT**と言います」

## ビッグデータの活用例

**ソーシャルメディアデータ**
SNSに書き込まれたプロフィール、コメントなど

**マルチメディアデータ**
Webサイトなどで提供される音声や動画など

**センサーデータ**
GPSやICカード、RFIDなどで検知される履歴など

**オフィスデータ**
オフィスのPCなどで作成された文書、Eメールなど

**ビッグデータ**
現在、ビッグデータは企業経営のみならず、学術、行政、防災などさまざまな分野での利活用が進んでいます

**ウェブサイトデータ**
ECサイトの購入履歴、ブログエントリーなど

**カスタマーデータ**
ECサイトの会員データ、DMほかの販促データなど

**オペレーションデータ**
販売管理上のPOSデータ、取引明細データなど

**ログデータ**
Webサーバーなどにおいて自動的に生成されるログなど

さらにSNSの普及によって、インターネット上には画像や動画などのデータが個人からも発信されるようになりました。こうした大量かつ多様なデータから人・社会・環境の状況を把握することで、顧客の興味や購買意欲など、企業の経営戦略にとって大変貴重な材料が得られます。また、情報は複製や移動が容易なので、他社のビッグデータと組み合わせて利用することも可能です。

## IoTの活用例「PHYD（ファイド）（Pay How You Drive）」

アメリカやヨーロッパで普及しつつあるPHYD型の自動車保険は、自動車に搭載したデバイス（機器）で契約者の運転状況を把握し、優良ドライバーの保険料を下げるという仕組みです。

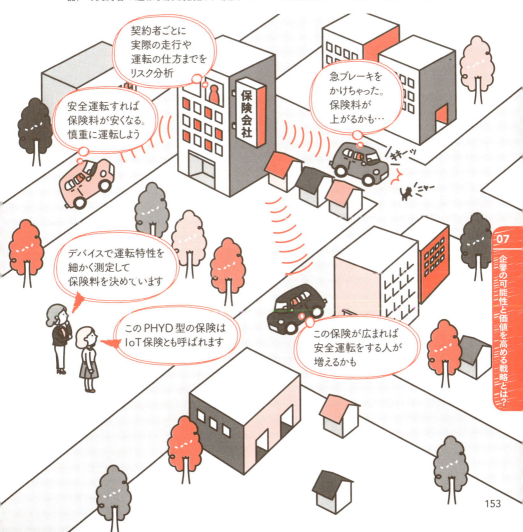

KEY WORD ➡ ☑ 技術戦略② オムニチャネル戦略

# 02 小売りの可能性を広げた セブン＆アイ

インターネットやビッグデータの活用について、小売業や流通業では、どのような経営戦略をとっているでしょうか？

---

「小売業、流通業では"マルチチャネル"から"**オムニチャネル**"という流れが始まっています」とこと美さんが切り出しました。オムニとは「すべての」という意味で、「複数」を表すマルチよりも進化したものです。実店舗、テレビやカタログの通販、オンラインモールなどあらゆるところで商品を注文・購入でき、近所のコンビニエンスストアで受け取れるような販売、流通の仕組みがオムニチャネルです。

## セブン＆アイのオムニチャネル戦略

消費者が商品を購入する際のチャネルは、お店と消費者のみの「シングルチャネル」から、お店やカタログ通販、ECサイトなどと消費者がつながる「マルチチャネル」、そしてお店や通販、ECサイトなどがすべて一括管理される「オムニチャネル」へと変化してきました。

154

セブン&アイ・ホールディングスは、傘下にイトーヨーカ堂、そごう、西武などを持ち、これらの店舗で扱う商品や、プライベートブランドの商品、さらには店舗のないオンライン通販の商品などのあらゆる商品を注文したあと、日本一の店舗数を誇るセブン-イレブンで受け取れるという、リアルとネットを融合させた販売流通網を整備しています。これもビッグデータが活用された、顧客中心のきめ細かい経営戦略と言えます。

KEY WORD → ✓ 技術戦略③　デファクトスタンダード

# 03 巨額な利益を生む「事実上の標準」とは？

製品の「規格」や「標準」はどのようなプロセスで決められるのでしょうか？　また、どうして標準化する必要があるのでしょうか？

「市場にはさまざまな種類の製品があるのに、一定の規格や標準が定められていますね？」。えい子さんの疑問にこと美さんが答えます。「標準化は巨大な利益を生むのです。規格や標準は、例えばISOのような国際標準化団体によって定められるデジュリスタンダードがありますが、それとは別に、市場競争の結果、世界的に事実上の標準とみなされたものを**デファクトスタンダード**と呼びます」

## デジュリスタンダードとデファクトスタンダード

●**デジュリスタンダード**　ISOやJISなどの国際標準化団体によって定められます。

メリット：公的な機関に定められる標準なので手堅く信頼性も担保される

デメリット：長い議論を経て決定するため、決定までに非常に長い時間がかかる

●**デファクトスタンダード**　標準化団体の承認の有無にかかわらず、市場競争の結果で決まります。

メリット：販売や特許などからの大規模な収入が期待できる

デメリット：市場の独占度が高まると法律の適用対象となる可能性がある

デファクトスタンダードの代表例は、パソコン OS の Windows です。職場や学校でユーザーが増えると、対応したソフト（**補完財**）を開発する企業も多くなり、さらに使い勝手が良くなります。こうした**ネットワーク外部性**の効果で、Windowsを開発したマイクロソフトは莫大な利益を得ました。技術を安価あるいは無料で公開するなどの普及戦略を展開し、自社の製品を市場で標準化したのです。

## ネットワーク外部性とは

パソコンのOSばかりでなく、SNSやオンラインゲームなどの通信サービスも、ユーザーが多いほど多様なソフトウェアが供給されて便益が増すネットワーク外部性が働きます。

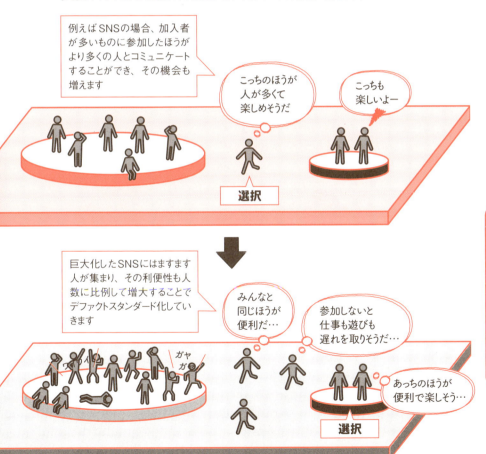

KEY WORD → ✓ 組織戦略①　M&A戦略

## 04 企業の合併と買収で時間を買う戦略

企業の合併や買収はどのような目的、方法で行われるのですか？
そのような経営戦略をとる場合に、注意すべき点はありますか？

こと美さんが、えい子さんに企業の合併と買収について解説します。「"合併と買収"の略語が**M&A**です。ニュースなどでも耳にしますね。競合する他社の有能な人材やブランド、工場、技術、店舗などをM&Aにより、自社の資源とすることで、他地域への進出、販路・供給網の確保を図れます。他社の経営資源が創出、蓄積されてきた"時間を買う戦略"だと考えるとわかりやすいかもしれません」

### M&Aの目的

M&AはMerger and Acquisition（合併と買収）の略語。自社にないさまざまなものを獲得することで、販路やシェア拡大などを図る戦略です。

- 販売店を運営している会社も買ってしまおう
- コンビニやスーパーに強い卸業者も吸収しよう
- 小豆ともち米の農家や生産業者を買収しよう
- 和菓子の開発と製造しかやっていないけど、もっと会社を大きくしよう

生産／販売

最近は、日本の市場が縮小傾向にあり、国内企業は海外でのM&A実施を増やしています。しかし多くの事例が失敗に終わっているのも事実で、約半数は失敗だという研究結果もあります。要因はさまざまですが、自社の不明確な戦略や、ビジョンやターゲットの事前調査不足などが挙げられます。組織構成、業務スタイルは企業ごとに異なりますから、合併・買収後の施策については事前の入念な準備が必要です。

KEY WORD ➡ ☑ **組織戦略②　M&Aのプロセス**

## 05 M&Aには多くの人々が関わる

M&Aを行うには社員以外の専門家が必要になるような気がします。実際のプロセスにはどのような人々が関わってくるのでしょうか？

こと美さんは、**M&Aのプロセス**に立ち会った経験を話し始めました。「M&Aの準備から実行までには弁護士、会計士、投信銀行や税務のスペシャリストなど多くの人が関わります。売主と買主の双方にはファイナンシャルアドバイザー（FA）がつき、買収金額の算定と交渉を行います。FAの報酬は雇用期間一定額を支払う場合と、案件の金額に応じた成功報酬を支払う場合があるので、事前の確認が必要です」

### M&Aのプロセス

M&Aの大きな流れは、プロジェクトチームの立ち上げから始まり、ターゲットの選定と接触、秘密保持の契約を経て交渉が始まります。ただし、交渉が基本合意に至っても、法的な拘束力がない場合もあります。そのため、実は最も時間がかかるプロセスは、**デューディリジェンス（精査）** と呼ばれる、会計帳簿や契約書の内容に不正や法律上のリスクがないかのチェックなのです。この作業に、先に挙げた専門家が多く関わることになります。

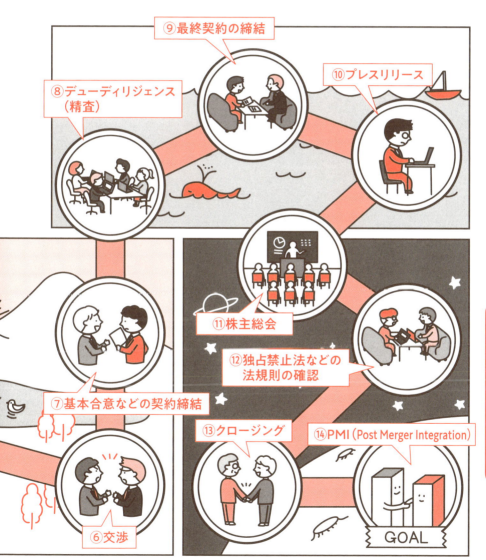

KEY WORD → ✓ 組織戦略③　アライアンス、ジョイント・ベンチャー

# 06 他企業との提携でメリットを生み出す

合併・買収のほかにも、他企業との関係を活用した経営戦略があります。また、3つ以上の企業においても有効な方法とは？

こと美さんはM&Aよりも柔軟な戦略について説明します。「**アライアンス**と呼ばれる対等な立場での提携関係が考えられます。技術提携や共同開発、販売委託などはM&Aに比べて迅速に進めることができます。契約だけの提携、共同での出資、**ジョイント・ベンチャー**という合弁企業を設立するなど、アライアンスの方法もいくつかあります。M&Aを実施する前に、互いの企業文化を知る目的でも使えますね」

## M&Aとアライアンスの相違点

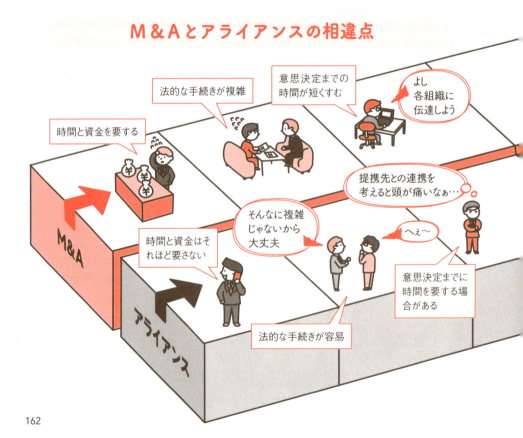

資本関係を結ぶM&Aとは異なり、対等な立場でのアライアンス契約では、思うような連携が取れない場合があるというデメリットや、解消が容易という特徴があります。契約解消後に、自社の重要な技術やノウハウが必要以上に他社に流出することがないよう、事前に契約内容でリスク回避を図っておくほうがいいでしょう。共同で同額の出資をした場合も、責任の所在が不明確にならない仕組みを構築すべきです。

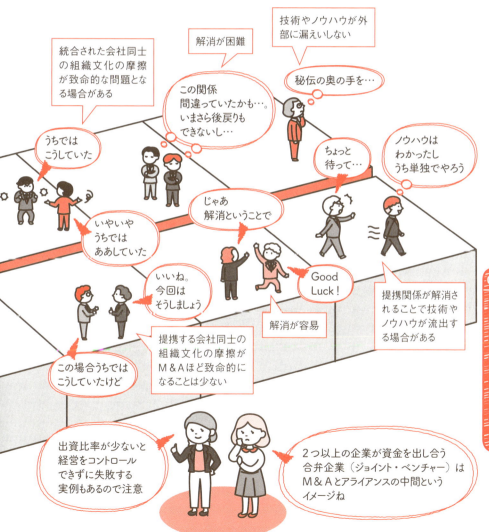

KEY WORD → ☑ 組織戦略④　垂直統合、水平統合

# シナジーを生み出す2つの方法

M&Aやアライアンスで複数の企業の統合を行う際に、最大限の相乗効果（シナジー）を上げるための組織戦略とは？

最大限のシナジー効果について、こと美さんがえい子さんに解説します。「M&Aやアライアンスをするときには、**垂直統合**と**水平統合**という2つの組織戦略があります。垂直統合とは、自社の川上、川下にあたる会社と統合し、事業領域を広げることです。例えば完成品メーカーが仕入れ先の原材料メーカーと組んだり（川上統合）、川下にあたる販売店と統合したり（川下統合）、という例が考えられます」

## 垂直統合とは

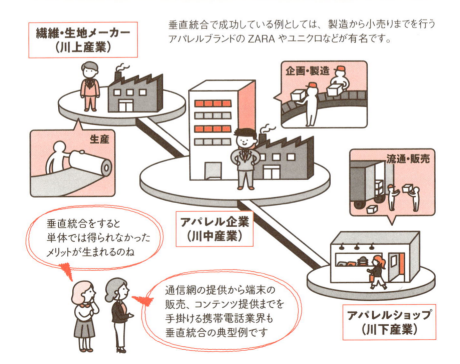

垂直統合で成功している例としては、製造から小売りまでを行うアパレルブランドのZARAやユニクロなどが有名です。

もうひとつの水平統合は、事業領域が同じ企業と統合して事業規模を拡大する戦略で、新たな市場や顧客の獲得を目的としている場合に採用されます。近年では市場が縮小しつつある日本企業と、海外企業の水平統合のケースも増えています。また、水平統合に似た言葉に**水平分業**があります。これは自社のバリューチェーンの中でその一部を外部に委託し、自社の強みの部分に集中する戦略です。

## 水平統合と水平分業

水平統合と水平分業は、言葉は似ていますが、それぞれの戦略は異なります。

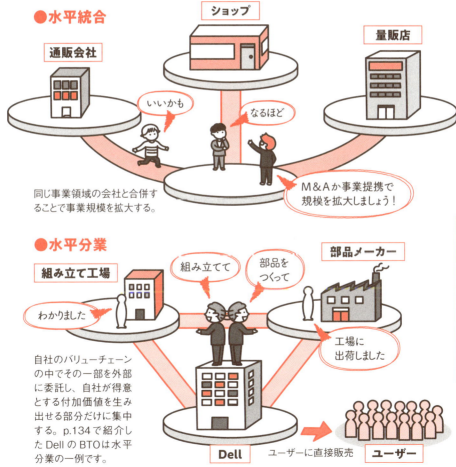

KEY WORD → ☑ **財務戦略①　コーポレート・ファイナンス**

# 08 企業の財務活動には3つの領域がある

企業運営のために極めて重要な財務活動の戦略は、どのように立てられ、実行されるべきでしょうか？

---

こと美さんが、財務活動について解説しています。「**コーポレート・ファイナンス**という言葉は、企業の財務活動全般を指す場合と、その中でも特に投資理論と企業金融理論を指す場合があります。企業の財務活動には、**投資行動**、**資本調達**、**配当政策**の3つの領域があり、どれが欠けても企業価値を最大に高めることができません。バランスの取れた財務戦略が円滑な企業活動を支えることになるのです」

## コーポレート・ファイナンスの3つの種類

**投資行動**
新規事業を始めたり、M&Aを行うなど、企業価値を高めることを目的とした投資を行うこと

M&Aであの会社の販売網を統合すればシナジー効果が期待できる

この新事業なら新たな顧客層の開拓が成功するはず

Investment Activities

166

投資行動とは、新規事業を始めたり、M&Aをしたり、企業価値を高めるための投資を行うことです。資本調達は、事業活動に必要な資金の調達で、株式を発行し、株主に購入してもらう方法と、銀行からの借入や社債発行などの負債による調達方法があります。配当政策とは、企業の純利益のうち、どの程度を株主に還元し、どの程度を内部留保して事業に再投資するかを決める政策です。

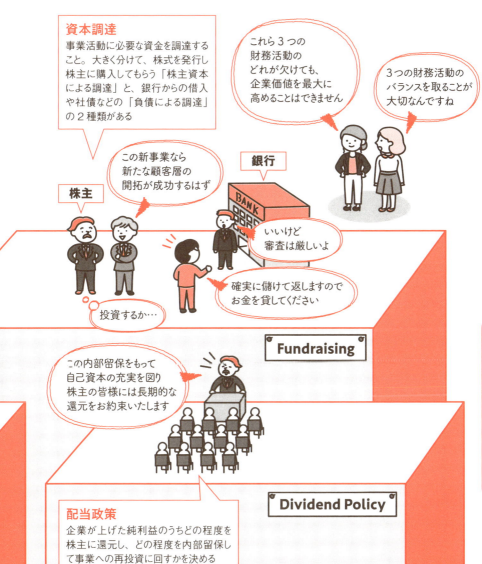

KEY WORD → ✓ 財務戦略② DCF法、EVA

# 09 自社の業績を評価する方法

「企業価値」とは会社の値段のことですが、数式によって算出することは可能なのでしょうか？

企業価値の算出方法について、えい子さんが質問すると、こと美さんは答えました。「企業価値とは、文字通りその会社の持つ価値のことで、自社の経営を管理する指標として、また合併や買収を検討しているターゲットの他社の価値を測る指標としても重要なものです。算定方法は類似会社比較方式、純資産方式など、いくつかありますが、**DCF法**（⇒ p.171）が用いられることも多いようです」

## EVAとは？

EVAとはEconomic Value Added（経済付加価値）の略称で、企業が生み出した価値を評価する手法。単年度の税引後営業利益から資本コストの実額（過去の投下総資本×加重平均資本コスト）を差し引いて算出します。

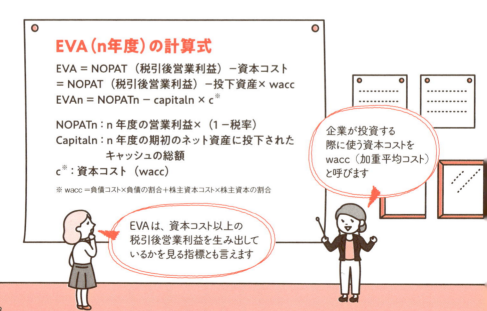

### EVA（n年度）の計算式

EVA ＝ NOPAT（税引後営業利益）－資本コスト
　　＝ NOPAT（税引後営業利益）－投下資産× wacc
$EVA_n = NOPAT_n - capital_n \times c^{※}$

$NOPAT_n$：n年度の営業利益×（1－税率）
$Capital_n$：n年度の期初のネット資産に投下された
　　　　　　キャッシュの総額
$c^{※}$：資本コスト（wacc）

※ wacc ＝負債コスト×負債の割合＋株主資本コスト×株主資本の割合

企業が投資する際に使う資本コストをwacc（加重平均コスト）と呼びます

EVAは、資本コスト以上の税引後営業利益を生み出しているかを見る指標とも言えます

企業が自社の業績評価を行うときに使われるのが **EVA** で、経済付加価値を意味する英語の頭文字です。資本コストを上回る税引後の営業利益に注目した手法で、他の指標よりも本当の利益がわかるとされ、単年度の業績評価や設備投資の意思決定評価に採用されています。ただし、EVAによると、新規事業よりも、成功している既存の事業への投資が優先されるという弊害もあり、綿密な分析が必要です。

## EVAを図で見ると……

左の計算式ではイメージしにくいかもしれませんが、EVAを図で表すと以下のようにわかりやすくなります。

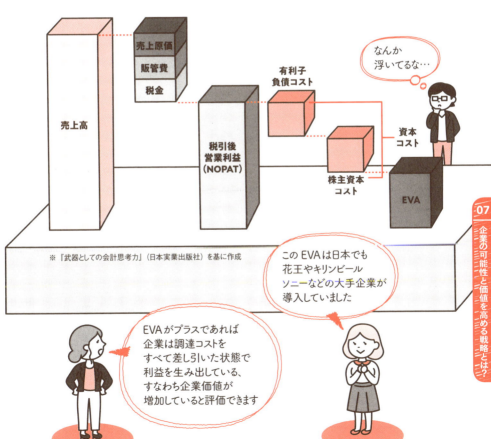

※『武器としての会計思考力』（日本実業出版社）を基に作成

このEVAは日本でも花王やキリンビールソニーなどの大手企業が導入していました

EVAがプラスであれば企業は調達コストをすべて差し引いた状態で利益を生み出している、すなわち企業価値が増加していると評価できます

07 企業の可能性と価値を高める戦略とは？

KEY WORD → ☑ **財務戦略③　企業価値、DCF法**

# 10 企業の価値を評価する3つの手法

上場しておらず、株式が市場で売買されない企業の価値はどのように算定したらよいのでしょうか？

「証券取引所などで売買ができる株式を発行している企業は、投資家に自社の株式を買ってもらうことで資金調達をするのですが、株価は需要と供給が一致する価格、すなわち市場価格として決定されます。基本は、**株価×発行済株式数**が**株式時価総額**となります。未上場会社の株価でも、その算定方法は意外と簡単で、エクセルなどの表計算ソフトでできますよ」と、こと美さんは教えてくれました。

## 上場企業の価値は市場で決まる

当然のことながら、業績が好調な上場企業の株価は、その株を買いたい人が売りたい人よりも多くなるため値上がりします。つまり、上場企業の価値は市場が決めているのです。

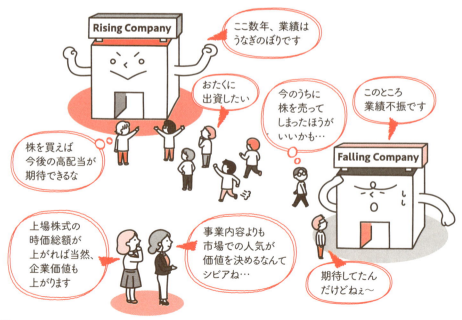

170

未上場会社の株価算定方法は大きく分けて、①決算書を基にする、②類似の上場企業の株価を参考にする、③企業のフリー・キャッシュフローを基にする**DCF法**、の３つがあります。①は会社の資産、負債の比較によって計算する方法で、中小企業などの場合に多く利用されます。②は類似会社の利益と時価総額から推定するもので**マルチプル方式**と呼ばれますが、実際には全く類似の企業を見つけるのは難しく、ネット企業など成長が著しい会社の場合には、将来生み出す資金を指標にする③が利用される場合が多くなってきています。

## 未上場企業の株価を評価する３つの手法

新規事業や起業家が生み出した事業の価値を算定する方法は、大きく分けて以下の３つがあり、通常は複数の方式を併用して決められます。

**①決算書を基に算定**
純資産方式と時価純資産方式があり、主に貸借対照表（バランスシート）を基に算定する

資産から負債を差し引いた純資産を時価総額として…

**③事業のフリー・キャッシュフローを基に算定する**
最も一般的に採用される方式でDCF法と呼ばれる。事業が将来生み出すフリー・キャッシュフロー（会社が自由に使える資金）を予測して、それを期待収益率で現在価値に割り引いて算定する

事業内容や規模が類似している上場企業の財務データや株式、取引事例を基に算定しよう

５年先までのフリー・キャッシュフローを予測して現在価値に換算しよう

**②類似の上場企業の株価を参考にする**
類似会社比較方式と類似取引比較方式があるが、まったく同一の事業を行っている他社はないため、あくまでも比較として利用

悲観シナリオ…考えているだけでストレスがたまりそう

DCF法を行う際、現実には５年先の算定は難しいので、楽観シナリオ、ベースシナリオ、悲観シナリオの３つを作成するのが一般的です

# column

## 金融事業に革命をもたらすフィンテック

　フィンテックとは金融（Finance）と技術（Technology）を合わせた造語です。ここでの金融とは決済、送金、為替、資産運用、融資、保険など、お金に関するあらゆる分野を指しています。技術は主にITを指しますが、細かく見ると、AIやクラウドコンピューティング、ビッグデータ、スマホのカメラ機能、QRコード、GPS機能など、さまざまな技術が金融と融合して活用されています。

　フィンテックの具体的な例を、金融分野ごとに見てみましょう。まず決済では、スマートフォンとクレジットカードを連動させた、早くて簡単な方法が急速に広がりました。この分野では最も多くのスタートアップ企業が競合しています。消費者側だけでなく、小規模の商店が安価に決済システムを導入できるようにするためのサービスも各社で始まっています。また、決済業務によって得られた情報を基に、銀行ではないフィンテック企業が、融資や審査業務にも進出しています。

　送金では、アプリを使った個人間のやりとり、ビットコイ

ンなどの暗号通貨（仮想通貨）による為替いらずの資金移動があります。ケニアの通信事業者が提供するモバイル送金サービスは、同国の送金業務では5～7割のシェアを獲得しています。

　融資では、先述した決済情報に基づく銀行以外の業者の参入に加え、銀行では厳しい審査を必要とする資金調達を個人や企業から少額ずつ集めるクラウドファンディングが盛んに行われるようになりました。他にも、自動車の走行情報をビッグデータ化し、リスク度合いを判断、走行距離や年齢、運転履歴などによって掛金を決定する自動車保険も登場しています。また同様に、心拍数や歩数など健康に関わる数値をスマホを通じて収集し、リスクを計算する医療保険、生命保険もあります。

　そもそも金融業はITと相性が良いのですが、日本では銀行法をはじめ、出資法、貸金業法、資金決済法など、さまざまな法規制に縛られているため、世界のフィンテック潮流に取り残される危険がありました。従来、「銀行持株会社」は金融の本業しか認められていませんでしたが、最近になって法改正の議論が進み、フィンテック事業や資金運用会社などへの参入、IT企業の買収を個別に認可する仕組みの整備に可能性が出てきています。

# column

## 金融の常識を覆したブロックチェーン

　ブロックチェーンとは、「分散型台帳技術」とも呼ばれるもので、仮想通貨の機能とサービスを成立させる上で、非常に重要な技術です。

　そもそも、仮想通貨の取引は、これまでの通貨のやりとりと、どこが違うのでしょうか？　ここで、従来のように〇銀行のAさんの口座から×銀行のBさんの口座に10万円送金するケースを見てみましょう。Aさんが窓口やATMで送金の手続きをすると、Aさんの口座残高が10万円減り、Bさんの口座残高が10万円増えます。銀行間でも、現金がやりとりされるわけではなく、日本銀行にある両行の口座で差額決済が行われます。つまり出金、入金の記録が残るだけです。

　この「お金とは記録（データ）である」という考え方が、仮想通貨の原理です。これまで、その記録は個人の通帳や各銀行、中央銀行に残るだけでしたが、仮想通貨ではすべての参加者（ノード）にブロックという形で公開されています。ただし暗号化されているため、具体的な取

引内容はわかりません。Aさんがさらに10万円を別の口座に送金する場合、仮想通貨には残高を管理する銀行がありませんが、もし改ざんすると、この暗号化されたブロックが次のブロックにつながらず、取引ができません。このブロックとブロックをつなげる仕組みをブロックチェーンと言います。

　銀行のコンピューターが集中して顧客の口座を管理する従来の方法では、もしもサイバー攻撃などを受けた場合、すべての取引が停止してしまいます。しかし、ブロックチェーンは、膨大な数のノードにすべての取引が記録されているので、いつでも復元可能です。このシステムは、不動産の登記簿や証券などの真正性を証明する分野でも活用が期待されています。アメリカでは、豚肉のトレーサビリティ、すなわち、1頭の豚をどこで誰がいつ生産し、どういう経路で店頭に並び、購入されたかをブロックチェーンにする試験が行われました。このような記録も分散して残していれば、半永久的に追跡することが可能になります。

　仮想通貨とブロックチェーンは、中央銀行が集中して通貨を管理するという常識を覆しました。しかし、現在はそのシステムに、中央銀行をはじめとした金融界が強い関心を寄せ、各種プロジェクトが展開されています。

# column

No. 20

# 株式とIPO

　株式は、会社が投資家から資金を調達するために発行するものです。一般的には「普通株式」を指し、ひとつの株式に与えられる権利は原則平等となっています。株主総会での議決権、配当を受け取る権利などは、保有する株数に応じています。ただし、定款に登記すれば、株主ごとに異なる配当や、議決権を制限できる株式（種類株式）を発行したり、株主ごとに異なる取り扱いをすることも可能です。

　証券取引所に上場すると、株式の取引規模は大きくなり、株価が上がれば、多くの資金が得られるようになります。そのために多くの企業が目指しているのがIPO（新規株式公開）です。ただし、株式数、株主数、純資産など、一定の基準を満たさなければ上場することはできません。東京証券取引所の場合、マザーズ、二部、一部の順に基準が厳しくなっていきます。現在、新たな枠組みも検討中です。

　株式を上場すると、その企業の情報はすべて公開され、株主も増えることから、経営への関与が強まります。なかにはそれらを嫌って再度非上場にする企業もあります。

# chapter 08

# 戦略はどうやって実行していくの?

教授の講義は最終日を迎えました。
最後の講義は、「戦略をいかに実行するか」です。
えい子さんは、戦略は学ぶだけでなく、
実行が大切であることを実感したようです。

KEY WORD → ☑ 組織は戦略に従う

# 01 戦略に応じて組織を変えたデュポン

会社の組織づくりとはどのように行われているのでしょうか？　どうやら戦略が関係しているようです。

「"**組織は戦略に従う**"という言葉を知っていますか？」と、問いかける教授に首を振るえい子さん。教授は解説し始めます。「これはアルフレッド・チャンドラー・ジュニア（⇒ p.22）による著書の日本版タイトルです。言葉の意味するところは、**戦略に応じて組織も決まる**ということです。例えば、第一次世界大戦後、戦略を変え、大規模な組織変更をした化学メーカーのデュポンです」

## デュポンの組織変更

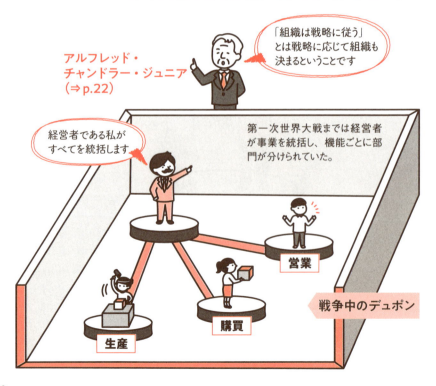

第一次世界大戦前、デュポンは生産や購買などの機能で分かれた部門を、すべて経営者が総括する中央集権型でした。しかし、戦争後、戦争特需がなくなると多角化戦略をとり、製品別に事業部を置く事業部制に組織変更したのです。デュポンの他に、戦略に応じて組織を変更した企業は、GM（ゼネラル・モーターズ）やシアーズ・ローバックなどが知られています。

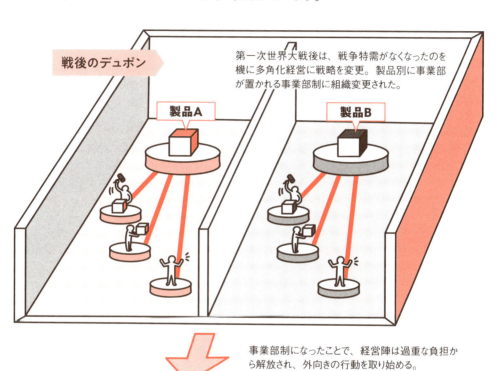

**戦後のデュポン**

第一次世界大戦後は、戦争特需がなくなったのを機に多角化経営に戦略を変更。製品別に事業部が置かれる事業部制に組織変更された。

事業部制になったことで、経営陣は過重な負担から解放され、外向きの行動を取り始める。

よし！
海外進出でもするか

逆に、組織によって戦略が決まることもあります。つまり、戦略と組織は相互に影響し合っているのです

08 戦略はどうやって実行していくの？

KEY WORD → ☑ 7S

# 02 3つの「ハードのS」と4つの「ソフトのS」

経営戦略を実行するためには、自社の状況を把握することが重要です。そのために、うってつけのフレームワークが「7S」です。

教授は、自社の内部状況を分析するためのフレームワークについて話しています。「**7S**は経営コンサルティング会社のマッキンゼーが提唱したフレームワークです。優れた企業は**3つのハードのS**と**4つのソフトのS**の要素が相互に補完することで戦略の実行を実現しています。前者は**戦略、組織、社内のシステム・制度**、後者は、**共通の価値観・理念、経営スタイル・社風、人材、スキル**です」

## ハードの3S

我々が競争優位に立っている理由は？どの分野に注力すべきか？

人事評価は適切だろうか？

最新の情報システムを導入しましょう

**Strategy**
戦略
持続的に競争優位を保てる源泉は何か

組織構造の改革も必要では？

この事業は誰に指揮をとらせようか？

**System**
社内のシステム・制度
経営管理システムや人事制度はどうなっているか

**Structure**
組織
組織形態はどうあるべきか、権限をどう分けるか

ハードのSは比較的変更が容易ですが、ソフトのSはどれも簡単には変更できません。近年、社風や人材などのソフト面が新しい変革を生み出す障害になっているケースが多いようです。つまり、優れた企業とは、ソフトのSで差別化されているといっても過言ではありません。**逆に経営する側は、ソフトのSを意識して経営する必要がある**ともいえます。

## ソフトの4S

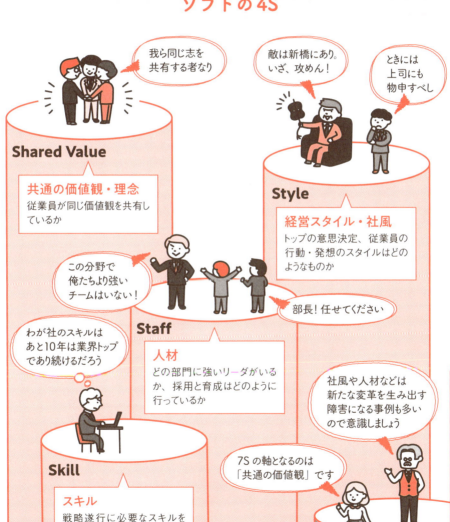

KEY WORD → ☑ **PDCA と BSC**

# 03 戦略実行と業績評価

戦略を成功させる鍵は、戦略を実行した後にあるといわれています。それはどういうことなのでしょうか。

「戦略を成功させるには、**PDCA** が大切です」と教授はいいます。これは戦略の実行後、それがうまくいっているかどうかをチェックし、必要があれば修正や改善をして、再び実行するというサイクルのことです。「戦略がうまくいっているかどうかを分析する方法はあるのでしょうか」とえい子さんが尋ねると、教授は「戦略実行や業績評価を行うツールとして**バランス・スコアカード（BSC）**が有名です」と答えました。

## PDCA とは

「計画」「実行」「評価」「改善」を繰り返す PDCA サイクルは、目標を明確に設定し、継続して何度も行うことが大切です。

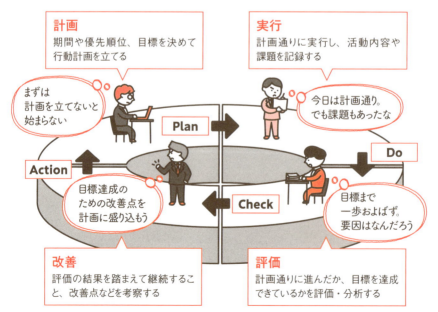

管理会計の分野で著名なキャプランとノートンが提唱したBSCは、「財務」「顧客」「社内業務プロセス」「学習と成長」の4つの視点で業績管理指標をバランスよく組み合わせることが重要とする考え方です。このバランスの重要性を指して、キャプランとノートンは「財務的な視点からのみの予算管理経営は、あたかもバックミラーを見て運転しているようなもの」と表現しました。

## バランス・スコアカード（BSC）とは

提唱者であるキャプランとノートンは、戦略策定や評価を行う際に財務以外の指標を入れることで、挑戦的な組織や社風を醸成することができると考えました。

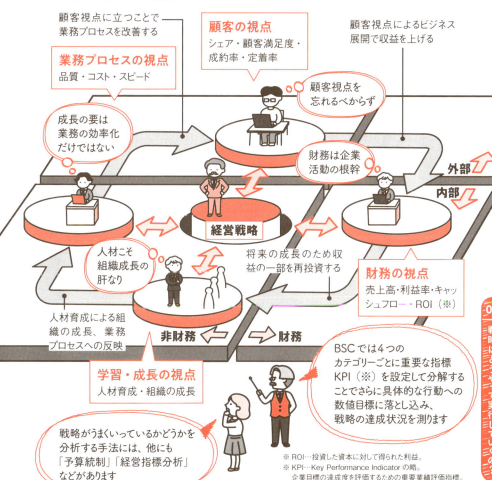

※ ROI…投資した資本に対して得られた利益。
※ KPI…Key Performance Indicator の略。
　企業目標の達成度を評価するための重要業績評価指標。

KEY WORD → ☑ チェンジ・マネジメント

# 04 変革の時代に求められるリーダーシップ

いよいよ最後の講義です。教授はジョン・コッターのことに触れ、今の時代にも求められるリーダーシップについて語り始めました。

授業の最後に、教授はジョン・P・コッター（⇒ p.29）の話をしました。「コッターは**チェンジ・マネジメント**、すなわち、企業ビジョンも事業ドメインも再設定して、企業文化や行動様式を大きく変革しなければならない、と説きました。チェスター・バーナードは著書『経営者の役割』において、組織を生産的かつ効率的にするためには"社員のモチベーション・貢献意欲・コミュニケーション"が重要としましたが、コッターは、それらはマネジメントであり、リーダーシップではないと主張しました」

## 変革のためには8つのステップが必要

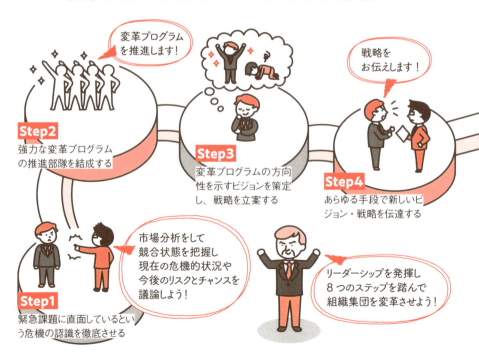

Step1 緊急課題に直面しているという危機の認識を徹底させる

市場分析をして競合状態を把握し現在の危機的状況や今後のリスクとチャンスを議論しよう！

Step2 強力な変革プログラムの推進部隊を結成する

変革プログラムを推進します！

Step3 変革プログラムの方向性を示すビジョンを策定し、戦略を立案する

Step4 あらゆる手段で新しいビジョン・戦略を伝達する

戦略をお伝えします！

リーダーシップを発揮し8つのステップを踏んで組織集団を変革させよう！

184

「コッターは、変革の時代においてはリーダーシップが必要であり、それは、ルールを超えて"啓発と動機付け"によって、この人についていこうと思わせ、組織集団を動かすための方法論だと主張しました。また、コッターは社交性と変革を起こす強烈なエネルギーがないと組織を率いることはできないともいい、具体的な変革のための8つのステップを提示しました」

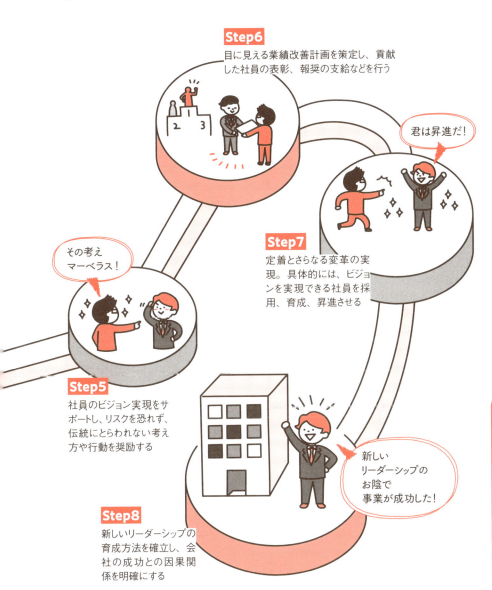

# 掲載用語索引

## 数字・アルファベット

|  |  |
|---|---|
| 3C 分析 | 54,64 |
| 3S モデル | 22 |
| 3つの基本構造 | 12 |
| 3つの基本戦略 | 26,104 |
| 4C | 64 |
| 4P | 25,111,128 |
| 7S | 67,180 |
| BPR | 122 |
| BTO | 134 |
| C・K・プラハラード | 28 |
| CSR | 70 |
| CSV | 70 |
| DCF 法 | 168,171 |
| ERP | 122 |
| EVA | 169 |
| IoT | 152 |
| IPO（新規株式公開） | 176 |
| IT の進化 | 30 |
| Linkedin | 100 |
| M＆A のプロセス | 160 |
| M＆A 戦略 | 158 |
| MBA | 23 |
| MDGs（ミレニアム開発目標） | 72 |
| MECE | 43,44 |
| OEM | 146 |
| PDCA | 182 |
| PESTE 分析 | 60 |
| PEST 分析 | 54,60 |
| PHYD（Pay How You Drive） | 153 |
| PPM | 76 |
| SDGs | 72 |
| SECI モデル | 98 |
| SPA モデル | 56 |
| STP | 25,126 |
| SWOT 分析 | 54,62 |
| TOC（制約理論） | 140 |
| VRIO 分析 | 66 |
| Why So ？／ So What ？ | 43,46 |

## あ

|  |  |
|---|---|
| アーリー・アダプター | 124 |
| アーリー・マジョリティー | 124 |
| アダプティブ戦略 | 87 |
| アドバンテージマトリックス | 112 |
| アライアンス | 162 |
| アルフレッド・チャンドラー・ジュニア | 22,178 |
| アントレプレナー・スクール | 32 |

## い

|  |  |
|---|---|
| 移行 | 86 |
| イゴール・アンゾフ | 22,80 |
| イノベーション | 24,29 |
| イノベーションのジレンマ | 29,149 |
| イノベーター | 124 |
| イノベーター理論 | 124 |

## え

|  |  |
|---|---|
| エヴェレット・ロジャーズ | 124 |
| エドワード・デ・ボノ | 51 |
| エリック・リース | 31 |
| エリヤフ・ゴールドラット | 140 |
| 演繹法 | 40 |
| エンバイロメント・スクール | 33 |

## お

|  |  |
|---|---|
| オーケストレーター | 120 |
| 大前研一 | 101 |
| オムニチャネル戦略 | 154 |

## か

|  |  |
|---|---|
| カール・フォン・クラウゼヴィッツ | 18 |
| 解説型 | 49 |
| 外部分析 | 58 |
| 「科学的管理法」の原理 | 20 |
| 仮説思考 | 38 |
| 金のなる木 | 76 |
| 株式時価総額 | 170 |

186

カルチャー・スクール 33
かんばん方式 90,132

## き

企業価値 170
企業戦略論 22
機能軸 75
機能別戦略 14
帰納法 40
規模型 113
規模の経済 142
キャズム 124
競争相手 118
競争戦略 24, 26
競争地位別戦略 110
競争優位の戦略 26

## く

クラウド・サービス 148
クラウド戦略 148
クレイトン・クリステンセン 29,149
クロス SWOT 分析 63
軍略 18

## け

経営学 20
経営者の役割 21,184
経営戦略 10,12
経営戦略論 22
経営理念 12
経験効果 23,150
ゲイリー・ハメル 28

## こ

コア・コンピタンス 68
コア・コンピタンス経営 28
構造化 48
合弁企業 162
コーペティション経営 118

コーポレート・ファイナンス 166
顧客軸 75
コグニティブ・スクール 33
五事七計 102
コスト集中 105
コストリーダーシップ戦略 104
コトラーのマーケティング思考法 51
コンフィギュレーション・スクール 33

## さ

サイクル 86
サブスクリプション 92
サプライチェーン・マネジメント（SCM） 135,138
差別化集中 105
差別化戦略 104
産業ならびに一般の管理 20

## し

ジェイ・B・バーニー 28,66
ジェームズ・アベグレン 23
ジェフリー・ムーア 124
支援活動 106
事業戦略 14
事業ドメイン 74
持続的技術 149
シナジー効果 79
シナリオプランニング 114
資本調達 167
ジャンプ 86
集中戦略 105
ジュール・アンリ・ファヨール 20
主活動 106
ジョイント・ベンチャー 162
情報の共有化 139
ジョージ・エルトン・メイヨー 21
ジョン・P・コッター 29,184

## す

| | |
|---|---|
| 垂直統合 | 164 |
| 水平思考 | 50 |
| 水平統合 | 164 |
| 水平分業 | 165 |
| スケールメリット | 142 |
| スタック・イン・ザ・ミドル | 105 |
| スループット | 140 |

## せ

| | |
|---|---|
| 製品・技術軸 | 75 |
| 製品-市場マトリックス | 80 |
| 製品ライフサイクル | 123 |
| セグメンテーション | 126 |
| セル生産方式 | 135,136 |
| ゼロ・トゥ・ワン | 31 |
| ゼロベース思考 | 55 |
| 全社戦略 | 14 |
| 戦争論 | 18 |
| 戦略キャンバス | 117 |
| 戦略計画学派（プランニング学派） | 16 |
| 戦略サファリ | 32 |
| 戦略的思考 | 11,36 |

## そ

| | |
|---|---|
| 創発戦略学派（エマージェンス学派） | 16 |
| 組織は戦略に従う | 23,178 |
| 孫子の兵法 | 18,102 |
| 孫武 | 18,102 |

## た

| | |
|---|---|
| ターゲティング | 126 |
| タイムベース競争 | 90 |
| 大量生産方式 | 132 |
| 田岡信夫 | 89 |
| 多角化戦略 | 78 |

## ち

| | |
|---|---|
| チェスター・バーナード | 21,184 |
| チェンジ・マネジメント | 184 |
| チャレンジャー | 110 |

## つ

| | |
|---|---|
| ツリー構造（イシューツリー） | 48 |

## て

| | |
|---|---|
| ティール組織 | 94 |
| デコンストラクション | 120 |
| デザイン思考 | 30,130 |
| デザイン・スクール | 32 |
| デジュリスタンダード | 156 |
| 手詰まり型 | 112 |
| デファクトスタンダード | 156 |
| デューディリジェンス（精査） | 161 |
| テンポラリー | 86 |

## と

| | |
|---|---|
| 投資行動 | 166 |
| 特化型 | 113 |

## な

| | |
|---|---|
| 内部分析 | 58 |
| ナレッジマネジメント | 99 |
| ナンバーワン、ナンバーツー戦略 | 77 |

## に

| | |
|---|---|
| ニッチャー | 110 |

## ね

| | |
|---|---|
| ネット・プロモーター経営 | 96 |
| ネット・プロモーター・スコア（NPS） | 96 |
| ネットワーク外部性 | 157 |

## の

| | |
|---|---|
| 野中郁次郎 | 98 |

## は

| | |
|---|---|
| パーソナルエージェント | 120 |
| バーバラ・ミントの4つの軸 | 52 |
| 配当政策 | 167 |
| 破壊的イノベーション | 149 |
| 破壊的技術 | 149 |
| 花形 | 76 |
| バランス・スコアカード（BSC） | 182 |
| バリューチェーン分析 | 27,67,106 |
| パワー・スクール | 33 |
| 範囲の経済 | 144 |

## ひ

| | |
|---|---|
| ピーター・ティール | 31 |
| ピーター・ドラッカー | 24 |
| ビジネススクリーン | 77 |
| ビジネスモデル | 12,56 |
| ビジャイ・ゴビンダラジャン | 71 |
| ビジョン | 12 |
| ビッグデータ | 152 |
| ピラミッドストラクチャー | 43,48 |

## ふ

| | |
|---|---|
| ファイブフォース分析 | 108 |
| フィリップ・コトラー | 25 |
| フィンテック | 172 |
| フォロワー | 110 |
| プラットフォーム戦略® | 30,82 |
| プランニング・スクール | 32 |
| フリーミアム | 30,84 |
| ブルー・オーシャン戦略 | 30,116 |
| ブルース・ヘンダーソン | 23 |
| フレッド・ウィルソン | 84 |
| フレデリック・テイラー | 20 |
| フレデリック・ラルー | 94 |
| フレデリック・ランチェスター | 88 |
| ブロックチェーン | 174 |
| プロモーション | 128 |
| 分散型 | 112 |

| | |
|---|---|
| 分散型台帳技術 | 174 |

## へ

| | |
|---|---|
| 並列型 | 49 |
| ベイン・アンド・カンパニー | 96 |
| ヘンリー・ミンツバーグ | 25 |

## ほ

| | |
|---|---|
| ホーソン実験 | 21 |
| 補完財 | 157 |
| 補完的生産者 | 118 |
| ポジショニング | 126 |
| ポジショニング学派 | 17,26 |
| ポジショニング・スクール | 32 |
| ボストン・コンサルティング・グループ（BCG） | 23 |
| ボトルネック | 141 |

## ま

| | |
|---|---|
| マーケットメーカー | 120 |
| マーケティング | 24,34 |
| マーケティング・マネジメント | 25 |
| マーケティング・ミックス（MM） | 128 |
| マービン・バウワー | 23 |
| マイケル・ハマー | 122 |
| マイケル・ポーター | 26 |
| マクロ環境 | 59 |
| 負け犬 | 76 |
| マッキンゼー・アンド・カンパニー | 23,101 |
| マッキンゼー 現代の経営戦略 | 101 |
| マネジメント | 24 |
| マルチプル方式 | 171 |

## み

| | |
|---|---|
| ミクロ環境 | 59 |
| ミッション | 12 |

## め

メディア・プラットフォーム戦略 ………… 100

## も

模倣可能性 ……………………………………… 67
問題児 ……………………………………………… 76

## ら

ラーニング学派 ……………………………… 28
ラーニング・スクール …………………… 33
ラガード ……………………………………… 124
ランチェスター戦略 ……………………… 88

## り

リーダー …………………………………… 110
リーンスタートアップ …………………… 31
リソース・ベースト・ビュー（資源学派）
………………………………………………… 17,28
リバース・イノベーション ……………… 71

## れ

レイト・マジョリティー ………………… 124
レイヤーマスター ………………………… 120

## ろ

ロジカルシンキング ……………………… 42

## ● 主要参考文献

**カール教授のビジネス集中講義　経営戦略**
平野敦士カール　著（朝日新聞出版）

**カール教授のビジネス集中講義　ビジネスモデル**
平野敦士カール　著（朝日新聞出版）

**カール教授のビジネス集中講義　マーケティング**
平野敦士カール　著（朝日新聞出版）

**カール教授のビジネス集中講義　金融・ファイナンス**
平野敦士カール　著（朝日新聞出版）

**図解　カール教授と学ぶ成功企業 31 社のビジネスモデル超入門！**
平野敦士カール　著（ディスカヴァー・トゥエンティワン）

**大学 4 年間の経営学見るだけノート**
平野敦士カール　監修（宝島社）

**大学 4 年間のマーケティング見るだけノート**
平野敦士カール　監修（宝島社）

## ● STAFF

| | |
|---|---|
| 編集 | 坂尾昌昭、小芝俊亮（株式会社 G.B.）、平谷悦郎 |
| 執筆協力 | 米良厚 |
| 本文イラスト | フクイサチヨ |
| カバーイラスト | ぷーたく |
| カバー・本文デザイン | 別府拓（Q.design） |
| DTP | 佐藤世志子 |

**監修 平野敦士カール（ひらの あつし かーる）**

経営コンサルタント。米国イリノイ州生まれ。東京大学経済学部卒業。株式会社ネットストラテジー代表取締役社長、社団法人プラットフォーム戦略協会代表理事。日本興業銀行、NTTドコモiモード企画部担当部長を経て、2007年にコンサルティング＆研修会社の株式会社ネットストラテジーを創業。ハーバードビジネススクール招待講師、早稲田大学ビジネススクール（MBA）非常勤講師、BBT大学教授、楽天オークション取締役、タワーレコード取締役、ドコモ・ドットコム取締役を歴任。アメリカ・フランス・中国・韓国・シンガポールほか海外での講演多数。著書に『プラットフォーム戦略』（共著、東洋経済新報社）、『カール教授のビジネス集中講義』シリーズ「経営戦略」「ビジネスモデル」「マーケティング」「金融・ファイナンス」（朝日新聞出版）、『ビジネスモデル超入門！』（ディスカヴァー・トゥエンティワン）、監修書に『見るだけノート』シリーズ「経営学」「マーケティング」「ビジネスモデル」（宝島社）など多数。韓国・台湾・中国・タイなど海外でも翻訳出版されている。

カール経営塾：https://www.carlbusinessschool.com
Twitter：@carlhirano

# ゼロからわかる！
# 経営戦略見るだけノート

2019年5月24日　第1刷発行

監修　　　平野敦士カール

発行人　　蓮見清一
発行所　　株式会社 宝島社
　　　　　〒102-8388
　　　　　東京都千代田区一番町25番地
　　　　　電話　編集：03-3239-0928
　　　　　　　　営業：03-3234-4621
　　　　　https://tkj.jp

印刷・製本　サンケイ総合印刷株式会社

本書の無断転載・複製を禁じます。
乱丁・落丁本はお取り替えいたします。
©Carl Atsushi Hirano 2019
Printed in Japan
ISBN978-4-8002-9392-3